# 살아있는 역사 재미있는 논술 워크북

모난돌역사논술모임 지음

BM (주)도서출판 성안당

어린이들은 역사를 처음 만날 때 역사 만화나 어린이 역사책으로 만납니다. 흥미위주의 역사 만화는 읽기도 쉽고 재미있어 어린이들이 좋아합니다. 술술술 읽혀지다보니 많은 어린이들이 즐겨 찾는답니다. 최근엔 통사를 다루면서도 역사적 맥락을 잘 짚어 가며 다양한 이야기를 엮어내는 재미난 어린이 한국사 책이 많이 출간되었습니다. 예전보다 한국사 공부를 할 때 선택의 폭이 훨씬 넓어졌답니다.

그런데도 아직 역사 공부가 어렵다고 호소하는 친구들이 많이 있습니다. 선생님과 이야기를 나눠보면 그 친구들은 한국사를 단순한 암기로 생각하여 결과만 외우려고 합니다. 그러다보니 역사가 무척 어렵게 느껴질 수 밖에 없었던 거예요. 역사란 특별한 공간과 시간에 살았던 사람들이 엮어낸 사람들의 이야기입니다. 그 사람들 사이의 다양한 이야깃거리가 있는데 이것은 다 빼고 결과만을 외우려하니 앞뒤도 맞지 않고 헷갈리기만 하는 것이지요. 책을 읽을 때 책 속에 담긴 숨어 있는 이야기를 찾아내고 재구성할 수 있을 때 책 읽기의 재미에 푹 빠질 수 있는데 그러질 못한 것이 요즘 책 읽기 모습입니다.

선생님들은 초, 중, 고등학교에서 학생들과 역사 공부도 하고, 체험학습연구회 (사)모아재 전국교사모임에서 역사 답사와 연구도 하고, 역사책을 펴내기도 했답니다. 그러다보니 많은 친구들과 부모님들이 어떻게 하면 역사 공부를 잘 할 수 있을까를 물어 보곤 하지요. 그때마다 아쉽지만 뾰족한 답을 줄 수 없답니다. 역사 공부에 지름길은 없습니다. 자신에게 맞는 책과 방법을 찾아 꾸준히 익히는 것 외에는 달리 방법이 없어요. 역사책을 읽으면서 역사 속 인물이 되어 사건 속으로 뛰어 들어보기도 하고, 슬픈 역사의 순간에 나도 모르게 눈물이 주르륵 흘러내릴 때 진정 역사 공부의 재미를 알게 되는 것이랍니다.

역사 공부를 잘 하고 싶은 친구들!

친구들에게 좋은 소식이 있어요. 이번에 개정판을 출간하는 《살아있는 역사 재미있는 논술》을 보면서 선생님은 어린이 여러분들이 떠올랐습니다. 우리 친구들이 역사의 참 맛을 느낄 수 있게 잘 엮어진 책을 발견하게 되어 얼마나 기쁜지 모른답니다. 여러분이 역사 공부를 할 때보다 재밌는 방법을 경험할 수 있을 겁니다.

이 책의 특징은 역사 속에서 중요한 사건이나 인물을 선별하여 각 단원을 구성하고 있습니다. 이야기를 순서대로 읽다보면 우리 역사의 징검다리를 하나씩 건널 수 있게 만들어 놓았답니다. 좀 더 자세히 들여다보면 역사 탐구, 역사 해석, 역사 토론, 역사에 비추어 보는 오늘, 첨삭지도와 부록으로 이루어져 있습니다. 하나 하나 읽고 문제를 해결하다 보면 역사의 실마리를 잡고 실타래를 풀어가는 경험을 할 수 있을 겁니다.

어린이 여러분에게 좋을 책을 소개할 수 있어 무척 기쁘답니다. 《살아있는 역사 재미있는 논술》과 함께 역사학자가 되어 보기를 권해봅니다.

**체험학습연구회 (사)모아재 선생님 (김봉수, 김진호, 신대광, 조성래)**

## 저자의 글

### 66 최신개정판에 부쳐 99

　사람은 살아오면서 겪고 듣고 배운 것 가운데에서 옳은 것은 실천하고 옳지 않은 것은 피하고 버릴 줄 안다. 경험에서 배우고 성장해 나가는 것이다.

　역사도 마찬가지다. 우리가 역사를 공부하는 까닭은 지나온 역사에서 잘못된 부분은 바로잡고, 잘된 부분은 계승해 나가기 위함이다. 그러기 위해서는 역사를 제대로 알아야 한다.

　《살아있는 역사 재미있는 논술》은 이러한 문제의식에서 출발한 책이다. 그래서 역사는 지루하고 힘든 암기 공부가 아니라 재미있고 즐거우며 과거를 통해 미래를 여는 살아있는 배움터라는 사실을 알려주려고 노력했다.

　세상 어떤 일이든 그 일이 일어난 데는 이유가 있고 순서가 있다. 논술이란 그 이유와 순서를 따라잡는 글이다. 따라서 역사를 읽는 것만으로 자연스럽게 논술 공부가 되도록 만들었다.

　《살아있는 역사 재미있는 논술》이 독자들을 만난 지 10년이 되었다. 세월이 흐르면서 새로운 역사 연구도 쌓이고 역사 교과서도 조금씩 바뀌었다. 또 교육 환경도 많이 변화했다. 이런 변화에 발맞추어 내용을 수정했다. 이전 책에서 부족했던 부분도 보완했고, 표현이 부자연스러운 부분은 고치고 다듬었다.

　기존 108단원이었던 것을 60단원으로 줄였다. 6권이던 책은 본책 4권에 논술 워크북 1권을 더한 5권으로 줄였다. 1권은 《인류 등장에서 후삼국 통일까지》, 2권은 《고려 건국에서 병자호란까지》, 3권은 《붕당 정치에서 관동 대지진까지》, 4권은 《한인 애국단에서 대한민국까지》이다. 그리고 5권은 기존 논술 코너를 재정리한 논술 워크북으로 만들었다. 이런 과정을 거친 《살아있는 역사 재미있는 논술》 최신판은 새로운 책으로 독자들을 만나게 될 것으로 생각한다.

　마지막으로 이 책을 통해 역사 속 사건에 대한 인과 관계를 파악하고 판단을 내릴 수 있기를 바란다. 또 자기 생각을 표현하는 과정 등을 거치며 역사의식과 논리력이 한층 성장되기를 바란다.

　현재는 과거가 쌓여 만든 결과물이다. 현재에 가까울수록 우리들 삶에 많은 영향을 미치고 있다. 하지만 우리네 역사 교육은 고대사부터 조선 시대사까지는 쉽없이 달려오지만 근현대사에 이르러 주춤하는 경향이 있다. 학교에서도 시험 이후에 진도가 나간다는 이유로 현대사에 소홀해지기도 한다. 현대사에 조금 더 관심을 가지고 고민을 해 주기를 바란다. 가까운 역사가 우리 삶에 더 큰 영향을 미치고 있으니 말이다.

**역사 논술 저자 일동**

## 이 책의 생김새와 쓰임새

**단원별 구성**

역사는 논리를 품고 있습니다. 그 논리를 배워서 지금 삶을 깨닫는 과정을 글로 써 보세요.
〈논술 한 단계〉와 〈미래 열기〉, 〈논술 본 단계〉를 공부하면 글쓰기 실력이 자연스럽게 향상
됩니다.

**본문의 구성**

**논술 한 단계**

논술 개념을 천천히 제대로 익히는 단계입니다.
단계별로 쓰기 과정을 따라가다 보면 자연스럽게
글을 쓰는 방법을 알 수 있습니다.

**미래 열기**

자신의 삶이나 사회 문제를 글로 풀어 나가는 과정
입니다. 논술 한 단계에서 다룬 글쓰기 이론이나
과정에 맞춰 주어진 주제를 글로 풀어 나갑니다.

**논술 본 단계**

개요 짜기를 먼저 하면 논술문 쓰기가 훨씬 쉬워
집니다. 예문을 읽어 보고 주제에 맞게 개요 짜기
를 한 후 논술문을 쓰도록 구성하였습니다.

**첨삭 지도**

〈논술 한 단계〉와 〈미래 열기〉, 〈논술 본 단계〉에서
써야 할 글에 대한 학습 가이드와 모범 답안을 제시
하였습니다. 글을 쓰다가 생각이 열리지 않을 때 펼
쳐 보면 문제를 해결하는 데 도움이 될 것입니다.

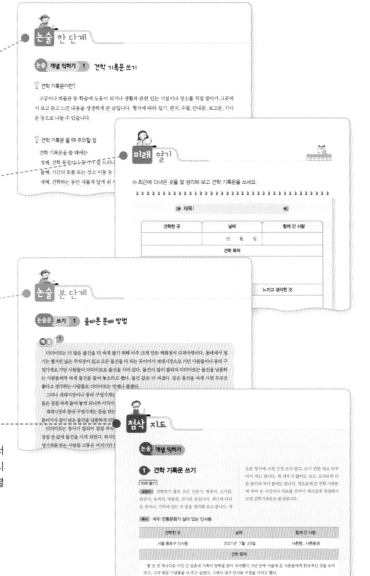

논술 한 단계

# 논술 본 단계

**논술문 쓰기**

# 논술 한 단계

논술 개념을
천천히, 제대로!

그래, 맞아!
논술 개념 익히기는
차근차근!

견학 기록문 쓰기

💡 견학 기록문이란?

고궁이나 박물관 등 학습에 도움이 되거나 생활과 관련 있는 시설이나 장소를 직접 찾아가 그곳에서 보고 들고 느낀 내용을 생생하게 쓴 글입니다. 형식에 따라 일기, 편지, 수필, 안내문, 보고문, 기사문 등으로 나눌 수 있습니다.

💡 견학 기록문 쓸 때 주의할 점

견학 기록문을 쓸 때에는

첫째, 견학 목적이나 동기가 잘 드러나게 써야 합니다.

둘째, 시간의 흐름 또는 장소 이동 등 견학한 순서에 따라 써야 합니다.

셋째, 견학하는 동안 새롭게 알게 된 사실, 보고 들고 느낀 일 등을 구별해서 써야 합니다.

💡 견학 기록문 구성

| 첫머리 부분 | 출발할 때 날씨나 상황, 느낌이나 기대감 등에 대해 씁니다. 대개는 견학 가는 날짜와 장소, 견학 목적, 견학 가기 위한 준비 과정과 견학 장소까지 가는 과정에서 있었던 일, 목적지에 대한 상상과 기대, 함께 견학 가는 사람, 교통수단 등에 대해 자세히 씁니다. |
|---|---|
| 가운데 부분 | 견학 장소에서 겪은 일이나 새로 알게 된 사실 등을 견학 순서에 따라 씁니다. 견학하는 동안 보고 들고 느낀 것, 견학 장소가 가진 풍습·기후·특산물 등 견학하는 동안의 느낌이나 생각, 그곳에 전해져오는 전설, 역사적 유물에 얽힌 이야기 등 새롭게 알게 된 사실이나 지식 등을 견학한 순서에 따라 자세히 씁니다. |
| 마무리 부분 | 돌아오면서 있었던 일에 대해 씁니다. 견학에 대한 아쉬움, 즐거움, 어려움 등 전체적인 느낌을 쓰고, 다음 견학 계획이나 각오 등을 씁니다. |

💡 견학 기록문 쓰기

견학 기록문을 잘 쓰기 위해서는 견학하는 동안 보고 들고 느낀 것을 꼼꼼하게 기록하는 것이 좋습니다. 작은 수첩을 들고 다니면서 본 것이나 들은 것을 적거나 그려 놓으면 기록문을 쓸 때 쉽게 기억해낼 수 있고, 보고 들은 것에 대한 느낌이나 생각이 쉽게 떠오를 수 있기 때문입니다.

| 예시 | 제목: 비극 현장, 절두산 |
|------|------------------------|

| 견학한 곳 | 날짜 | 함께 간 사람 |
|-----------|------|--------------|
| 절두산 순교 성지 | 2000년 0월 0일 | 우리 가족 |

### 견학 목적

동생 영세일을 며칠 앞두고 집에서 가장 가까운 절두산에 다녀왔다. '목이 잘린'이라는 뜻인 '절두'는 이름만으로도 많은 사람이 죽었다는 것이 느껴졌고, 인터넷을 통해 자료를 찾아보니 직접 가서 보고 싶었다.

| 보고 들은 것 | 느끼고 생각한 것 |
|--------------|------------------|
| 원래는 '누에가 머리를 든 것 같은 모습'이라고 해서 '잠두봉'이었다. 흥선 대원군은 양화진이 서양 세력에 의해 더럽혀진 것은 천주교인들 때문이라고 생각하고, 그들의 피로 오욕을 씻으려고 수많은 천주교인 목을 베어서 산 이름도 '절두산'이 되었다. | 천주교인이라는 사실만으로 1만여 명이나 이곳에서 죽었다니, 종교를 위해 죽음을 두려워하지 않은 그 분들 신앙심이 존경스럽다.<br>천주교를 금지했던 것은 알지만, '흥선 대원군은 꼭 그렇게까지 해야 했을까?' 하는 의문이 들었다. |
| 순교자 기념탑과 기념관을 둘러보았는데, 고문 도구들과 그림이 전시되어 있어 고문 흔적을 느끼게 했다.<br>우리나라 최초로 신부가 된 김대건 신부님 동상이 있고, 수많은 묘비가 있다. | 기념탑에 참배하면서 순교자들 명복을 빌었고, 고문 도구들을 보니 고통이 느껴지는 듯해서 무서웠다. |
| 기념관이 산꼭대기에 있는 까닭은 처형 장소를 기념해서 기념관을 세웠기 때문이고, 절두산 모양을 조금도 변형시키지 않기 위함이었다. | 합정역에서부터 걸어갔기 때문에 기념관까지 오르기는 많이 힘들었다. 하지만 산 중턱이 아닌 그곳에 세워진 까닭을 알고 나니, 그 깊은 뜻에 오히려 수긍이 갔다. |

### 견학한 뒤, 생각이나 의견

절두산 정상에서 한강을 내려다 본 풍경이 멋졌고, 실제로 가보니 느낌이 생생하게 전달되어서 좋았다. 종교 자유가 보장된 때에 살고 있어서 참 다행이라는 생각도 들었다.

이번 견학을 시작으로 우리 가족은 가까운 곳에 있는 유적지나 박물관 등을 차근차근 돌아보기로 했다.

>> 최근에 다녀온 곳을 잘 생각해 보고 견학 기록문을 쓰세요.

| 제목: |
| --- |

| 견학한 곳 | 날짜 | 함께 간 사람 |
| --- | --- | --- |
| | 년    월    일 | |
| 견학 목적 | | |
| | | |

| 보고 들은 것 | 느끼고 생각한 것 |
| --- | --- |
| | |
| | |
| | |
| 견학한 뒤, 생각이나 의견 | |
| | |

## 논술 개념 익히기 2 · 설명문 쓰기

### 💡 설명문이란?

- 설명문은 어떠한 일이나 물건 또는 어려운 문제들에 관해서 누구나 이해하기 쉽게 알려 주는 글입니다.

- 설명문은 독자가 잘 모르는 것을 쉽게 설명하는 글이므로 우선 정확한 내용으로 글을 써야 하고, 그러기 위해서는 대상을 사실 그대로 정확히 알아야 합니다.

- 설명문은 객관적 입장에서 써야 합니다.

- 설명문은 사실을 쓰는 글이므로 자기 주장이나 느낌, 추측 등이 들어가서는 안 됩니다.

### 💡 설명문 형식

(1) **정의**: 어떤 말이나 사물의 뜻을 정확하게 밝히는 것입니다. '무엇은 ~ 무엇이다.'로 정리합니다.

(2) **비교와 대조**

    ① 비교: 두 개 이상의 사물을 서로 빗대어 보고 같거나 비슷한 점을 찾아서 정리하는 것입니다.

    ② 대조: 두 개 이상의 사물을 서로 빗대어 보고 같지 않거나 다른 점을 찾아서 정리하는 것입니다.

(3) **구분과 분류**

    ① 구분: 전체를 몇 가지로 나누는 것입니다.

    ② 분류: 비슷하거나 같은 성질을 가진 것끼리 묶는 것입니다.

(4) **분석**: 전체를 부분 부분으로 나누어서 풀어 밝히는 것입니다.

    ① 대상을 세부 항목에 따라 나누어서 풀어 밝히는 방법

      • 어떤 대상을 설명할 때 효과적입니다.

      • 쓸 내용을 항목에 따라 조각조각 나누어서 펼쳐냄으로 많은 지식과 정보를 담을 수 있습니다.

    ② 일의 순서에 따라 나누어서 풀어 밝히는 방법

      • 일의 진행 순서대로 차근차근 풀면 더욱 세세하게 내용을 알 수 있습니다.

      • 이 방법은 순서가 바뀌면 효과가 없어집니다.

## 자료 대동여지도

　〈대동여지도〉는 우리나라 지리학에 대명사로 인정받고 있는 지도다. 현재 전해오는 〈대동여지도〉 가운데 성신여대 박물관 소장본은 보물 제850호로 지정되어 있다. 〈대동여지도〉는 우리나라 전국을 그린 전도로, 전체를 펼쳐 이으면 세로 6.6m, 가로 4.0m이다.

　〈대동여지도〉는 도로 위 10리마다 점을 찍어 거리를 나타냈다. 평탄한 지역에서는 10리 간격이 멀게, 산지가 있는 곳에서는 10리 간격이 가깝게 표시되었다. 또 글씨를 줄이고, 표현할 내용을 기호화했다. 예를 들면, 문수산성의 경우 산성 표시 기호를 그리고 '문수'라고만 기록하여 글자 수를 줄였다. 〈대동여지도〉를 보면 산이 가장 강하게 눈에 들어온다. 산을 독립된 하나의 봉우리로 표현하지 않고, 이어진 산줄기(산맥)로 나타냈다. 더욱이 산줄기를 가늘고 굵게 표현함으로써 산의 크기와 높이를 알 수 있도록 했다.

　〈대동여지도〉의 가장 큰 장점 중 하나는 목판으로 간행한 목판본 지도, 즉 인쇄본 지도라는 점이다. 목판 지도는 지도의 보급과 대중화에 큰 역할을 한다. 인쇄본으로 만들 경우 가장 큰 장점은 많은 수의 지도를 찍어낼 수 있어 지도 보급이 용이하고, 지도를 대중화할 수 있다는 것이다.

　이처럼 〈대동여지도〉는 우리나라에서 가장 큰 전국 지도이면서도 보기 쉽고 가지고 다니기도 쉽게 만든 지도이다. 일부분이 필요할 경우 그 부분만을 뽑아서 휴대하며 참고할 수도 있다. 예를 들면, 서울에서 강릉까지 여행할 경우 지도 전체를 가지고 갈 필요 없이 서울에서 강릉까지 수록된 지도만 뽑아서 가지고 가면 된다.

　총융사, 병조판서를 역임하고, 1876년(고종 13) 판중추부사로서 강화도 조약을 체결할 때 우리 측 대표였던 신헌(申櫶)은 자신이 지도에 깊은 관심을 가지고 있어 비변사나 규장각에 소장되어 있는 지도와 민간에 소장되어 있는 지도를 서로 대조하고 여러 지리지 등을 참고하여 완벽한 지도를 만들려고 노력했으며, 이 일을 김정호에게 위촉하여 완성했다.

　하지만 〈대동여지도〉를 그린 김정호에 대해 잘못 알려진 두 가지 내용을 사실처럼 알고 있는 사람이 많다. 첫째, 백두산에 여덟 번 오르고, 전국을 세 번이나 답사하는 등 걸어 다니면서 지도를 만들었다는 것, 둘째, 흥선 대원군이 이 지도가 외적의 손에 넘어갈까봐 지도와 목판을 압수해 불태웠고, 김정호는 감옥에 갇힌 뒤 죽음을 맞았다는 내용이다. 이 내용들은 모두 사실이 아니다. 일제 강점기 시절 왜곡되어 전해진 내용이다. 김정호는 옛 지도들을 참고하여 지도를 제작했고, 목판본은 지금도 전해지고 있다.

>> 12쪽 자료를 참고하고, 〈대동여지도〉에 관한 자료를 추가로 찾아서 설명문을 쓰세요.

● 제목:

## 논술 개념 익히기 3 논설문 쓰기

💡 논설문이란?

　자기주장을 담아 논리적으로 서술하는 글입니다. 논설문을 쓸 때는 주제에 맞춰 글이 나아갈 방향인 주제문을 정리합니다. 자기주장을 설득력 있게 표현할 수 있는 근거가 될 자료를 정리한 다음, 개요 짜기를 합니다. 개요 짜기를 한 뒤 자연스럽게 이어 쓰면 논설문이 완성됩니다.

| 예시 | 주제: 조선 시대 양반의 군역 의무 | |
|---|---|---|
| 서론 | 주제문 | 양반도 군역 의무를 다해야 한다. |
| | 자기 입장 제시 | 조선 시대 양반이 군역 의무를 다하지 않았던 것은 정말 부당하다. |
| 본론 | 상대방 주장에 근거를 제시하여 비판<br>- 근거 비판 1<br>- 근거 비판 2 | 1. 군대를 운영하는 데는 많은 비용이 든다. 그러므로 굳이 양반까지 군역 의무를 부과해 인원을 늘릴 필요는 없었다. (상대 주장) - (근거 비판) 조선 시대에도 지금처럼 성인 남성에게 군역 의무가 있었다. 신분이 높고 낮음을 막론하고 천인을 제외한 모두가 지켜야 할 의무였다.<br>2. 신분별로 맡은 역할이 있다. 양반은 학문을 익혀 나라를 다스리는 일에 힘써야 했다. (상대 주장) - (근거 비판) 나라를 다스리는 첫번째는 국방을 튼튼히 하는 일이다. 나라를 다스린다면서 군역을 소홀히 하는 것은 앞뒤가 맞지 않다. |
| | 자기주장에 대한 근거 제시<br>- 근거 제시 1<br>- 근거 제시 2 | 1. 양반이라고 해서 군역을 회피하는 것은 가진 자로서 옳지 않은 행동이었다. (자기주장) - (근거 제시) 고대 서양 사회에서는 귀족이 군복무를 하는 것을 당연하게 받아 들였다. 이런 전통이 남아 있다 보니 지배층 젊은이들은 군복무를 해야만 지배층 일원으로 인정받기도 했다.<br>2. 우리 역사에도 지도자가 솔선수범했던 적이 있다. (자기주장) - (근거 제시) 신라 시대 품일 장군은 16세밖에 되지 않았던 아들 관창을 황산벌 전투에 내보냈다. 홀로 적진으로 돌진하는 모습에 전세가 역전되기도 했다. |
| 결론 | 본론을 정리하고 마무리 | 　군역은 모두가 져야 할 의무였다. 그런데 조선 시대 양반은 군대를 유지하는 데 발생하는 많은 비용을 줄여야 한다는 이유로 또는 역할 분담을 이유로 군역 의무를 다하지 않았다. 그러나 치열한 황산벌 전투에서 어린 아들을 전장에 내보냈던 품일 장군 일화를 보면, 지도자가 솔선수범하는 모습이 얼마나 바람직한가를 알 수 있다. 일찍이 서양에서도 '노블레스 오블리주'라고 하여 지도자들이 솔선하는 모습을 강조했다. 조선 시대 양반들도 솔선수범하여 군역 의무를 다했어야 한다. |

>> 다음 주제에 맞춰 개요 짜기를 해 보세요.

주제: 운동선수 병역 면제

| | | |
|---|---|---|
| **서론** | 주제문 | |
| | 자기 입장 제시 | |
| **본론** | 상대방 주장에 근거를 제시하여 비판 − 근거 비판 1 − 근거 비판 2 | |
| | 자기주장에 대한 근거 제시 − 근거 제시 1 − 근거 제시 2 | |
| **결론** | 본론을 정리하고 마무리 | |

>> 개요 짜기에 쓴 것들을 자연스럽게 이어서 논설문을 쓰세요.

● 제목:

 논술 개념 익히기 4 인물 독서 감상문 쓰기

💡 인물 독서 감상문이란?

한 분야에서 두드러진 역할을 한 사람이 살아온 삶을 보여 줌으로써 읽는 이에게 살아갈 지혜와 포부를 주기 위한 것입니다. 또 읽는 과정에서 어느 나라, 어느 시대 인물인지에 대한 시대 배경 이해와 어떤 일을 했고, 무엇을 남겼는지에 대한 지식도 쌓을 수 있습니다. 그 인물이 속한 환경 속에서 꿈을 이루어 나가는 모습을 자신과 비교해 봄으로써 보다 나은 삶을 만들어 갈 기초로 삼을 수 있습니다.

💡 인물 독서 감상문 쓸 때 주의할 점

• 책을 쓴 사람이 가진 생각이 무조건 옳다고 믿지 않아야 합니다.
• 인물이 한 행동이 항상 올바른 것은 아니라는 생각을 염두에 두어야 합니다.
• 같은 시대를 산 인물 이야기와 비교해 볼 수 있어야 합니다.

💡 인물 독서 감상문 쓰기

**예시** 제목: 병인양요를 막아낸 장수 양헌수

| 그 사람의 일생에 대한 간단한 소개 | |
| --- | --- |
| 양헌수는 조선 말기 무신으로 제주 목사, 한성부좌윤, 금위대장, 공조판서 등 여러 관직을 두루 거쳤다. 그리고 강화도 조약 체결에 반대하는 쇄국 입장을 끝까지 굽히지 않았다. 병인양요 때 프랑스군을 상대로 정족산성 전투에서 승리한 것으로 잘 알려져 있다. | |

| 기억에 남는 이야기 | 느끼고 생각한 것 |
| --- | --- |
| 프랑스군과 전투 당시 포수들을 주력군으로 활용했다. | 사격 솜씨가 뛰어난 포수들을 기용한 것은 전력을 키우는 좋은 전술이었던 것 같다. |
| **새로 알게 된 사실** | **그 사실에 대한 느낌, 생각** |
| 강화도 조약이 체결될 때 끝까지 개국을 반대했다. | 한 인물을 제대로 파악하기 위해서는 좀 더 심도 있는 조사가 필요하다는 생각이 들었다. |
| **본받고 싶은 모습** | **그 모습에 대한 느낌, 생각** |
| 제주 목사로 선정을 베풀었다. | 세도 정치로 나라가 혼란할 때 관리가 갖추어야 할 덕목을 잘 지키고 선정을 베푼 모습이 소신이 있는 사람인 것 같다. |

>> 최근에 읽은 인물 이야기를 다음 개요표에 채워 보세요.

| 그 사람의 일생에 대한 간단한 소개 | |
|---|---|
| | |
| **기억에 남는 이야기** | **느끼고 생각한 것** |
| | |
| **새로 알게 된 사실** | **그 사실에 대한 느낌, 생각** |
| | |
| **본받고 싶은 모습** | **그 모습에 대한 느낌, 생각** |
| | |

≫ 20쪽 개요표에 쓴 것들을 자연스럽게 이어서 인물 독서 감상문을 쓰세요.

● 제목:

## 논술 개념 익히기 5 독서 감상문 쓰기

### 독서 감상문이란?

책을 읽고 책 내용에 대한 자신의 느낌이나 생각을 쓰는 것입니다. 책 내용 가운데 자신에게 인상 깊은 장면을 찾아내는 것이 중요합니다.

### 독서 감상문을 쓰면 좋은 점

• 읽은 책 내용을 되살려 다시 감상하기 위해 씁니다.

• 감동을 오래 간직하기 위해 씁니다.

• 생각과 느낌을 정리하는 힘을 기르기 위해서 씁니다.

• 글 쓰는 힘이 길러집니다.

### 독서 감상문 쓰는 방법

(1) 제목 쓰기

　　① 큰 제목은 읽은 책 내용이나 느낌 또는 배운 점에서 제목을 따옵니다.

　　② 작은 제목은 책 제목 앞뒤에 특별한 기호를 넣어 표시합니다.

(2) 머리글 쓰기

　　① 읽게 된 동기와 과정을 서사문(일기)처럼 씁니다.

　　② 책 속에 나왔던 특별한 말이나 인상 깊은 구절로 시작합니다.

　　③ 주인공을 소개하면서 시작합니다.

　　④ 지은이에 대한 이야기부터 시작합니다.

(3) 몸글 쓰는 방법

　　① 자신의 생활과 비교해 본 것, 주인공과 내 행동을 비교해서 씁니다.

　　② 이야기 가운데 가장 감동적인 부분을 강하게 나타냅니다.

　　③ 생각나는 장면을 쓰고 그것에 대해서 느끼고 생각한 것을 씁니다.

(4) 맺음글 쓰기

　　① 읽은 이야기에 나오는 내용과 비슷한 내 경험을 씁니다.

　　② 이야기에서 얻은 교훈이나 각오를 씁니다.

　　③ 주장이나 바람을 씁니다.

≫ 최근에 읽은 역사 동화를 다음 개요표에 채워 보세요.

| 생각나는 줄거리 | 느끼고 생각한 것 |
|---|---|
|  |  |
|  |  |
|  |  |
| 책 전체에 대해서 느끼고 생각한 것 ||
|  ||

≫ 24쪽 개요표에 쓴 것들을 자연스럽게 이어서 역사 동화 감상문을 쓰세요.

● 제목:

**논술** **개념 익히기** **6** **정의와 예시**

💡 정의: 어떤 말이나 사물을 '무엇은 ~무엇이다'로 정확하게 밝히는 것입니다.

💡 예시: 추상적인 것을 구체적이고 특수한 것으로 예를 들어 설명하는 것입니다.

**병역(兵役)**은 국민으로서 수행해야 하는 국가에 대한 군사적 의무로, 국방력 구성에 필요한 병력을 충당하기 위해 국민이 지는 인적 부담을 말한다. **병역 제도**는 의무병제와 지원병제로 나눌 수 있다.

**의무병제**는 국민 가운데 남자 혹은 모두에게 병역 의무를 지우는 것이다. 군대에서 필요한 인원을 징집하여 복무하게 한 뒤, 현역에서 제대하면 예비군으로 편성해 전쟁 또는 유사시에 이들을 소집하는 **징병제**와 국민 모두가 단기간 동안 기초 군사 교육을 받은 뒤, 평상시에는 생업에 종사하면서 매년 일정 기간 군사 교육을 통해 기술을 배우고 유사시에 소집하는 **민병제**로 구분한다.

**지원병제**는 개인이 자유로운 의사에 따라 국가와 계약을 맺고 직업으로 병역에 복무하는 것이다. 모병제가 대표적이며, **모병제**는 강제 징병하지 않고 본인 지원에 의한 직업 군인을 모집하여 군대를 유지하는 제도이다.

우리나라는 임오군란 당시 모병제였고, 6·25 전쟁 이전까지도 모병제였다가 6·25 전쟁 발발 후부터 의무병제로 바뀌었다. 현재는 만18세 이상 남자에게 병역 의무가 있고, 의무병제와 지원병제를 혼합해 시행하고 있다. 의무병제로 육군, 공군, 해군, 의무경찰 등이 있고, 지원병제로 직업 군인(부사관, 여군, 장교 등)이 있다. 군인 종류로는 현역(육군, 해군, 공군, 해병, 특전사 등), 보충역(사회복무요원, 공중보건의사, 징병전담의사, 공익법무관, 공익수의사, 전문연구요원, 산업기능요원, 예술체육요원 등), 제2국민역(면제 받은 민방위) 등이 있다.

≫ **정의**
- 병역: 국민으로서 수행해야 하는 국가에 대한 군사적 의무이다.
- 의무병제: 국민 가운데 남자 혹은 모두에게 병역 의무를 지우는 것이다.
- 지원병제: 개인이 자유로운 의사에 따라 국가와 계약을 맺고 직업으로 병역에 복무하는 것이다.

≫ **예시**
- 군인 종류: 현역, 보충역, 제2국민역 등이 있다.
- 현역: 육군, 해군, 공군, 해병, 특전사 등이 있다.

**연습 1**     금기란 마음에 꺼려서 하지 않거나 피하는 것이다. 하지만 뚜렷한 근거도 없이 예로부터 내려오는 풍습이라고 무조건 따르는 것은 옳지 않다고 생각한다.

    이런 금기에는 '시험 보는 날 미역국을 먹지 않는다.', '이름을 빨간색으로 쓰지 않는다.' 등 여러 가지가 있다. 하지만 작년에 우리 형은 대학입학 면접시험 보는 날이 생일이어서 미역국을 먹고 시험을 보러 가서 당당히 합격했고, 중국 사람들은 빨간색은 나쁜 기운을 물리친다고 해서 이름도 빨간색으로 쓴다.

1. **정의:** 금기 – 마음에 꺼려서 하지 않거나 피하는 것이다.

2. **예시:** (1) _____

           (2) _____


**연습 2**     도와주거나 보살펴 주려고 마음을 쓰는 것을 '배려'라고 한다. 우리 조상들은 사람은 물론 자연에게도 배려했는데, 그 가운데 하나가 '까치밥'이다. 감을 딸 때는 나무마다 몇 개씩을 꼭 남겨두어 까치 같은 새들과 나누어 먹었다. 벌레 먹거나 시원찮은 과일도 따지 않았다. 특히 밤은 다 떨지 못하게 했는데, 다람쥐 같은 짐승을 생각하는 배려에서 그렇게 했다고 한다.

1. **정의:** 배려 – _____

2. **예시:** (1) 감을 딸 때는 나무마다 몇 개씩을 남겨서 자연을 배려했다.

           (2) _____


**연습 3**     우리 언니는 새벽형 인간이다. 매일 새벽 5시면 어김없이 일어나 집 앞에 있는 헬스장에 다녀온다. 그리고 방 청소를 한 다음, 내 방으로 와서 나를 깨운다. 아침밥을 먹고는 엄마를 도와 설거지를 하고 나서야 학교에 간다.

1. **정의:** 우리 언니 – _____

2. **예시:** (1) _____

           (2) _____

>> 다음 정의와 예시에 해당하는 내용을 써 보세요.

1. 정의

    (1) 대원군:

    (2) 정삼각형:

    (3) 까치밥:

    (4) 차별:

    (5) 자전거:

2. 예시

    (1) 장영실은 많은 발명을 했다.

       • 예를 들어,

    (2) 명문 대학에 들어가야 성공한 인생이 되는 것은 아니다.

       • 그 예로 대학을 나오지 않고도

    (3) 권력 때문에 부모와 자식 사이에 있는 정까지도 끊는 경우가 있다.

       • 삼국 시대에는

       • 조선 시대에는

    (4) 이순신 장군은 많은 전투에서 승리했다.

       •

       •

    (5) 환경을 보존하는 방법에는 여러 가지가 있다.

       • 개인은

       • 가정에서는

       • 국가는

## 논술 개념 익히기 7 비교와 대조

💡 비교: 비슷한 점이나 공통점을 중심으로 설명하는 방식입니다.

💡 대조: 다른 점이나 차이점을 중심으로 설명하는 방식입니다.

**예시** 〈강화도 조약〉과 〈조·미 수호 통상 조약〉으로 비교와 대조하기

| 〈강화도 조약〉 | 〈조·미 수호 통상 조약〉 |
|---|---|
| 제1조 조선국은 자주 국가로써 일본국과 동등한 권리를 보유한다. | 제1조 서로 도와 잘 조처하여 우의를 표시한다. |
| 제2조 일본국 정부는 수시로 사신을 파견하여 조선국 경성에 가서 직접 예조판서를 만나 교제 사무를 토의한다. | 제2조 두 나라 병권대신과 영사는 서로 접대함에 있어 최우선국 특권을 누린다. |
| 제3조 두 나라 사이에 오고가는 공문은 일본은 자기 나라 글을 쓰고 조선은 한문을 쓴다. | 제3조 미국 선적이 조선 해안에서 파괴되면 조선 지방관은 그것을 듣는 대로 즉시 선원을 구호하고 양식들을 공급하되 배를 수리하여 선적 화물을 보호하고 모든 것을 영사관에게 알려야 하며 선원을 본국으로 보내주고 선박 화물도 구출한다. 일절 경비는 선주나 미국 정부가 배상한다. |
| 제4조 부산 이외 두 곳 항구를 개항하여 일본국 백성들이 오가면서 통상하게 하며 해당 지방에서 세를 내고 이용하는 땅에 집을 짓거나 혹은 임시로 거주하는 사람들이 집을 짓는 것은 각기 편리대로 하게 한다. | 제4조 조선에 체류하는 미국인은 조선 정부 지방관으로부터 생명, 재산 보호를 받을 것이며 어떠한 종류의 기만, 능욕으로부터 보호를 받는다. |
| 제5조 경기, 충청, 전라, 경상, 함경 5도 중에서 통상하기 편리한 항구 두 곳을 골라서 개항한다. | 제5조 외국 수입품 관세는 한 번 통관 항구에서 지불하고 기타 요금, 관세, 수수료, 세금 또는 어떠한 부과금이라도 조선국 안에서나 어떤 항구에서도 해당 수입품에 대하여 부과하지 않는다. |
| 제6조 일본국 배가 조선국 연해에서 큰 바람을 만나거나 땔나무와 식량이 떨어져서 지정된 항구까지 갈 수 없을 때에는 즉시 가까운 곳 연안 항구에 들어가서 위험을 피하고 부족한 것을 보충할 수 있으며 배를 수리하고 땔나무를 사는 일 등은 그 지방에서 공급하며 그에 대한 비용은 반드시 선주가 배상해야 한다. | 제6조 미국 상인으로서 대외 통상에 개방되어 있는 조선국 항구에 왕래하는 자는 해당 개항장 조계지 경계 내에 거주하며, 해당지에서 건물 또는 토지를 임차하거나 주택 또는 창고를 건축할 수 있다. |
| 제7조 일본국 항해자들이 수시로 해안을 측량하여 위치와 깊이를 재고 도면을 만든다. | 제7조 아편 수입을 불허한다. |
| 제8조 일본국 정부는 조선에서 지정한 각 항구에 일본 상인을 관리하는 관청을 수시로 설치한다. | 제8조 양곡 수출을 금지할 때에는 그 내용을 조선국이 해당 관리를 통하여 정식으로 알린 뒤 이를 실시한다. |

제9조 백성들은 각기 마음대로 무역하며 양국 관리들은 조금도 간섭할 수 없고 또 제한하거나 금지할 수도 없다.

제10조 일본국 사람들이 조선국에서 지정한 항구에서 죄를 저질렀을 경우 만일 조선과 관계되면 모두 일본국에 돌려보내어 조사 판결하게 한다.

제11조 양국이 우호 관계를 맺은 이상 따로 통상 규정을 작성하여 양국 상인들 편리를 도모한다.

제12조 양국은 성실히 준수 시행하며 양국 정부는 다시 조항을 고칠 수 없으며 영구히 성실하게 준수함으로써 우의를 두텁게 할 것이다.

제9조 군사 무기 구입은 조선 관원에게만 허가되며 미국민은 서류상 면허로서 수입할 수 있다.

제10조 조선 국법을 범한 자가 미국민 주택에 숨으면 지방 경찰에게 인도하여야 한다. 미국민은 이 같은 자를 숨겨주어서는 안 된다.

제11조 양국 학생으로서 학습하기 위해 왕래하는 자는 가능한 모든 보호와 원조를 하여야 한다.

제12조 5년 후 양국 관민이 각각 언어에 익숙하게 되었을 때 만국공법 통례상 공평하게 상의하여 상세한 통상조관 및 규칙에 관하여 재교섭한다.

제13조 양국 정부 간 왕복 문서는 조선국에서는 한문을 사용한다.

제14조 조선국이 다른 나라에 권리나 특혜를 허가할 때에는 미국도 권리 특혜를 누릴 수 있다.

## ≫ 비교와 대조 정리하기

|  | 〈강화도 조약〉 | 〈조 · 미 수호 통상 조약〉 |
|---|---|---|
| 비교 | 1. 일본인과 미국인이 자유롭게 집을 짓고 살 수 있게 한다.<br>2. 일본과 미국 선박이 조난을 당하면 즉시 구조해 주고, 본국으로 보내준다.<br>3. 일본인과 미국인이 범죄를 저질렀을 때는 조선 법에 따르지 않고, 자기 나라로 보내 각 나라법에 따르게 한다.<br>4. 두 나라 사이 문서를 작성할 때 조선은 한문을 써야 한다. | |
| 대조 | 1. 일본국 항해자들이 수시로 해안을 측량하여 위치와 깊이를 재고 도면을 만든다.<br>2. 일본 상인을 관리하는 관청을 수시로 설치한다.<br>3. 조약 내용을 고칠 수 없으며 영구히 성실하게 준수한다. | 1. 두 나라 병권대신과 영사는 서로 접대함에 있어 최우선국 특권을 누린다.<br>2. 외국 수입품 관세는 단 한 번만 통관 항구에서 지불한다.<br>3. 조선국이 다른 나라에 권리나 특혜를 허가할 때에는 미국도 권리 특혜를 누릴 수 있다. |

>> 다음 글을 읽고 화장, 패션, 성형을 비교·대조하는 표를 완성해 보세요

아름다움을 추구하는 것은 모든 여성들이 가진 욕망입니다. 그래서 화장을 통해 더욱 아름다운 모습을 나타내려고 합니다. 여자들이 화장을 하는 이유는 남에게 잘 보이기 위한 것과 자기만족을 위한 것입니다. 또 자기가 좋아하는 사람에게 매력적으로 보이기 위해 화장을 정성들여 하기도 하고, 스스로 아름다워지고 싶은 욕구를 충족시키기 위해서도 합니다.

패션은 시대를 많이 앞서갑니다. TV, 영화 등에서 보여 주는 것이 트렌드가 되어 젊은이들 사이에 금방 유행이 되어 버립니다. 패션 역시 남보다 개성 있게 보이려는 노력이고, 자기 이미지를 최대한 살리려는 노력입니다.

이제는 보편화된 성형 수술도 마찬가지입니다. 자기가 불만족스럽게 생각하던 신체나 얼굴을 수술로 개선해 줌으로써 자신감과 행복감을 느끼게 하는 데 목적과 보람이 있을 것입니다. 성형 수술을 하는 이유는 아름다워지고 싶은 마음, 자기만족, 아름다운 외모가 사회생활에 도움이 되기 때문이라고 생각합니다. 그러나 화장이나 패션과는 달리 성형 수술은 수술한 뒤에 생기는 부작용도 있으므로 신중하게 선택해야 합니다.

| | 화장 | 패션 | 성형 |
|---|---|---|---|
| 비교 | | | |
| 대조 | | | |

## 논술 한 단계

**논술 개념 익히기 8** 분류와 분석

💡 **분류:** 여러 사물을 어떤 기준으로 묶거나 나누어 무리 짓는 것입니다. 일관된 기준에 따라 대상을 정리하고 질서화 함으로써 일목요연하게 설명하는 방식입니다.

💡 **분석:** 한 대상을 자세히 나누어 설명하는 방식입니다.

**연습 1** 갑신정변 14개조 정강

① 대원군을 조속히 귀국시키고 청에 대한 조공 허례를 폐지할 것.

② 문벌을 폐지하고 평등하게 백성들 능력에 따라 인재를 등용할 것.

③ 토지에 매기던 조세법을 개혁하고 관리의 부정을 막고 백성을 보호하며 국가 재정을 충실히 할 것.

④ 내시부를 폐지하고 재능 있는 자를 등용할 것.

⑤ 부정한 관리는 마땅히 그 죄를 물을 것.

⑥ 백성이 나라에서 꿔간 쌀에 문제가 많았으므로 이는 영원히 면제할 것.

⑦ 외척의 세도 기관으로 변질된 규장각을 폐지할 것.

⑧ 급히 순사를 설치하여 도적을 방지할 것.

⑨ 보부상 모임인 혜상공국이 독점을 해서 문제가 생기므로 이를 폐지할 것.

⑩ 전후 시기에 유배 또는 금고 된 죄인을 다시 조사하여 석방시킬 것.

⑪ 4영을 합하여 1영으로 하고 영 가운데서 장정을 뽑아 근위대를 설치할 것, 육군 대장은 왕세자로 할 것.

⑫ 일체 국가 재정은 호조에서 관할하고 그 밖의 재정 관청은 금지할 것.

⑬ 대신과 참찬은 의정부에 모여 정치적 명령이나 법령을 의결하고 집행할 것.

⑭ 정부 6조 외에 불필요한 관청을 폐지하고 대신과 참찬이 이것을 심의 처리하도록 할 것.

≫ **분류**

(1) 외세에 대하여 자주적인 내용: ①

(2) 부정부패 척결을 위한 내용: ②, ④, ⑤, ⑦

(3) 경제 개혁에 관한 내용: ③, ⑥, ____, ____

(4) 정치 개혁에 관한 내용: ⑧, ⑩, ⑪, ____, ____

※ 분석과 분류를 구별하는 방법은 나누어진 것이 전체의 한 종류인지(분류), 아니면 전체를 이루는 일부분인지(분석)를 살펴보면 됩니다.

**연습 2**　서울 안국동에서는 우리나라 최초 우체국인 우정총국 설립 축하 파티가 열렸다. 그 파티에는 청나라와 친하게 지내며 개화 정책에 반대하던 정부 고위 관리들이 대부분 참석했다. 개화파는 이를 기회로 고위 관리들을 살해하고 정변을 일으켰다. 갑신정변 주역은 김옥균, 박영효, 홍영식, 서재필 등 젊은 청년들이었다.

"어서 일어나십시오. 청나라 군대가 난을 일으켜 이곳은 위험하옵니다."

정변이 시작되자 창덕궁으로 달려간 김옥균은 거짓을 왕에게 고했고, 고종과 명성 황후를 경운궁으로 빼돌리는 데 성공했다. 김옥균은 밤을 새워 새로운 개혁파 정부를 구성해 발표하고, 외교관들을 불러들여 새로운 정부가 구성되었음을 알리는 활동을 했다.

그러나 반대 세력의 움직임도 조용히 진행되었다. 명성 황후와 연결된 반대 세력은 청나라와 연락을 주고받으며 개화파를 무너뜨리기 위해 준비했다.

개화파는 구체적인 개혁 정책을 국민들에게 발표하는 등 정변을 성공시키기 위해 안간힘을 썼다. 하지만 결국 청나라 군대가 개입함으로써 정변은 실패로 돌아갔다. 원래 개화파를 돕기로 했던 일본군이 약속을 어기고 철수했기 때문에 개화파는 적은 병력만으로 청나라 군대에 맞서야 했다. 갑신정변을 일으켰던 개화파 청년들 가운데 홍영식은 청나라 군대에 의해 살해되었으며, 김옥균, 박영효, 서재필은 일본으로 망명했다.

1. 개화파 가운데 김옥균이 했던 역할 분석

　　(1) 우정총국 설립 축하 파티를 계기로 정변을 일으키기로 계획했다.

　　(2) 정변이 시작되자, 고종과 명성 황후를 경운궁으로 빼돌렸다.

　　(3)

　　(4)

2. 명성 황후와 연결된 반대 세력이 했던 역할 분석

　　(1) 청나라와 친밀한 관계를 유지하고 있었다.

　　(2) 우정총국 설립 축하 파티에 참석하고 있었다.

　　(3)

3. 청나라가 보였던 행동 분석

　　(1) 조선이 근대화하는 것을 반대하고 있었다.

　　(2)

4. 일본이 보였던 행동 분석

　　(1) 개화파가 정변을 일으키는 것을 함께 계획했다.

　　(2)

>> 다음 글을 읽고 분류와 분석을 이용하여 정리해 보세요.

모기는 파리목 모기과에 속하는 곤충을 부르는 말이다. 몸은 두 쌍 날개와 더듬이, 몸통, 긴 다리로 구성되어 있다. 크기는 다양하지만 보통 15mm 미만이고, 무게는 2~2.5mg가량이다. 이들은 1.5~2.5km/h 속력으로 날고, 낮에는 풀숲에서 잠을 자고 밤에 활동하는 야행성 곤충이다. 고인 물에 알을 낳으며, 애벌레인 장구벌레는 번데기 과정을 거쳐 성충이 된다. 수모기는 영양분으로 나무 수액을 빨아먹으면서 살아간다. 암모기가 다른 동물의 피를 빠는 것은 알에게 영양분을 공급하기 위함이며, 이 과정에서 말라리아나 뇌염 등을 감염시키기도 한다.

모기는 약 1억 7천만 년 전 쥐라기 때 지금의 남아메리카 대륙에서 처음 등장했다고 추정되고, 그때 모기는 지금 모기보다 3배 정도 컸던 것으로 보인다. 발견된 모기 화석 가운데 가장 오래된 것은 백악기 때 것이다. 천적으로는 박쥐, 잠자리, 거미 등이 있다. 요즘은 사람들이 모기에 물리지 않으려고 모기향, 모기약, 전자 모기향, 모기장, 전자 모기채 등을 이용하고, 과학자들은 모기를 멸종시키기 위해 연구하고 있다.

원래 모기는 애벌레 시기인 장구벌레일 때 천적인 송사리, 미꾸라지에게 먹혀 개체수가 조절되지만, 경제 발전 시기에 무분별한 공업화로 자연 생태계가 파괴되면서 모기가 비정상적으로 늘고 있다. 오염된 물에서 송사리와 미꾸라지는 살 수 없지만, 장구벌레는 살 수 있기 때문이다. 모기로 인한 피해가 심각한 지역이 있을 정도로 모기는 급증하고 있다. 모기는 14~41℃ 사이에서 활동이 활발하여 추운 나라인 러시아나 캐나다에서는 장구벌레일 때 얼어 죽는 경우가 많다고 한다.

1. 분류하기
   (1) 모기 천적: _____
   (2) 장구벌레 천적: _____

2. 분석하기: 모기 한살이
   (1) 알: _____

   _____
   (2) 장구벌레: _____

   _____
   (3) 성충: _____

 **개념 익히기  9   서사**

💡 서사: 사건이 일어난 시간 순서대로 쓰는 방식입니다.

**예문**

노아의 방주

처음 이 땅 위에 하나님은 사람과 짐승을 만드셨다. 그러나 사람이 늘어가고 그 사람들이 악한 행동을 하는 모습을 보자 하나님은 땅 위에 사람을 만든 것을 후회하셨다. 그래서 땅 위 사람과 기어 다니는 짐승, 날아다니는 새를 모두 없애겠다고 하셨다. 하나님 말씀에 따라 살아가던 노아에게는 이 사실을 알려주었다. 그런 다음 노아에게 잣나무로 배를 만들 것을 명령했다. 배 크기는 길이 삼백 규빗(약 135m), 너비 오십 규빗(23m), 높이 삼십 규빗(14m)으로 만들 것이며, 사방에 창을 만들고, 배 옆에는 문을 내고, 배 안은 3층으로 만들 것을 명령했다. 그런 다음 노아와 아내, 세 아들 부부와 새, 짐승 한 쌍씩 데리고 들어갈 것을 명령했다. 노아는 하나님이 명령한 대로 배를 만들었고 홍수가 시작되자 노아 가족들은 배에 올라탔다. 그리고 들짐승, 가축, 하늘을 날아다니는 새들은 그 종류대로 배 안으로 들어갔다. 비는 사십 일 동안 그치지 않고 내려서 대홍수가 났다. 물이 산을 잠기게 했고, 땅 위에서 움직이던 생명은 다 죽었다. 물은 백오십 일 동안 땅에 차 있었다. 그리고 나서 하나님은 바람이 불게 했고 물은 점점 줄어들었다. 노아는 물이 빠져가는 것을 보고 까마귀를 날려 보냈다. 또 비둘기를 날려 보내 땅에서 물이 빠졌는지 알아보았다. 그런 다음 칠 일이 지나자 다시 비둘기를 날려 보냈다. 그리고 나서 비둘기가 올리브 나무 잎사귀를 입에 물고 온 것을 보고 땅이 거의 말랐음을 알게 됐다. 땅이 마르고 배 안에 있던 노아 가족과 짐승들은 배에서 나왔다. 그러자 하나님은 노아와 그 아들들에게 복을 주시고 이 땅 위에서 번성하리라고 말씀하셨다.

• 노아의 방주를 서사문 형식으로 쓰기

(1) 처음에 하나님은 사람과 짐승을 만드셨다.

(2) 그러나 사람들이 악한 행동을 하는 모습을 보자 하나님은 땅 위에 사람을 만든 것을 후회해 사람과 짐승, 새를 없애겠다고 하셨다.

(3) 그런 다음 노아에게 배를 만들게 해 그 곳에 노아 가족과 동물을 들어가게 하시고 홍수로 세상을 잠기게 했다.

(4) 그리고 나서 하나님은 노아와 그 아들들에게 복을 주시고 이 땅 위에서 번성하리라고 말씀하셨다.

연습 ## 판도라의 상자

프로메테우스는 인간과 지구상 모든 생물을 만든 능력이 뛰어난 신이었다. 처음에 인간을 만들었고 새, 곤충 등 다른 생명들도 만들었다. 그리고 모든 생명에게 자신을 보호할 수 있는 방법을 한 가지씩 주었다. 새에겐 날개를, 곤충에게는 침이나 독을, 짐승에게는 튼튼한 다리와 이빨을 주었다. 그리고 나자 인간에게는 줄 것이 남아 있지 않았다. 그래서 프로메테우스는 제우스에게 불을 나누어 주자고 청했지만 거절당했고, 결국 불을 훔쳐 인간에게 주었다.

이 사실을 알게 된 제우스는 프로메테우스와 인간에게 벌을 주려고 '판도라'라는 여자를 만든 다음 인간 세상으로 내려 보냈다. 그리고 여러 신들이 준 선물로 가득찬 상자도 함께 주며, 절대 열어 보지 말라는 경고를 전했다. 프로메테우스 동생 에피메테우스는 아름다운 판도라를 보고 사랑에 빠졌다. 눈에 보이는 아름다움에만 끌려서는 안 된다며 동생을 타일렀지만 에피메테우스는 판도라와 결혼을 했다. 호기심 많은 판도라는 그 상자를 열어 보았고 상자 안에 갇혀 있던 증오심, 의심, 슬픔, 외로움, 질투, 원한 등이 튀어나와 사람들을 불행하게 했다. 그런데 상자 안에는 '희망'이 남아 있었다. 인간이 힘든 일을 겪어도 쓰러지지 않는 것은 희망 때문인 것이다.

인간들이 괴로움을 당하는 것을 보고도 분이 풀리지 않았던 제우스는 카프카스산에 있는 큰 바위에 프로메테우스를 잡아다가 묶었다. 그리고 나서 독수리가 프로메테우스 간을 쪼게 했는데, 다음날이면 다시 간이 생겨났다. 제우스는 프로메테우스에게 날마다 독수리에게 간을 파 먹히는 고통을 주었다. 프로메테우스는 오랜 시간 고통을 당하다가 헤라클레스가 도와주어 카프카스산에서 풀려났다.

- 〈그리스 로마 신화〉 중에서 -

• 판도라의 상자를 읽고 사건이 일어난 순서대로 써 보세요.

(1) 처음에 프로메테우스는 인간을 만들었고, 새, 곤충 등 다른 생명도 만들었다.

(2) 그리고 모든 생명에게 자신을 보호할 수 있는 방법을 한 가지씩 주었다. 새에겐 날개를, 곤충에게는 침이나 독을, 짐승에게는 튼튼한 다리와 이빨을 주었다.

(3) 그런 다음

(4) 그러나

(5) 그리고 나서

≫ 경험한 일을 시간 순서대로 써 보세요.

1. '짜장면 만들어 먹기'로 서사 개요 짜기

    (1) 처음에 _____

    (2) 그리고 _____

    (3) 그런 다음 _____

    (4) 그리고 나서 _____

    (5) 마지막으로 _____


2. 위에서 짠 개요를 풀어서 서사문을 쓰세요.

● 제목:

# 논술 한 단계

💡 **묘사**: 어떤 사물을 그림 그리듯이 자세히 풀어 쓰는 방식입니다.

### 황룡강 전투와 장태

장태를 굴리고 오는 사람들이 황룡강을 건너와서 논둑 밑에다 줄줄이 늘어놓자 전봉준 장군은 작전 계획을 알려 주었다.

"관군은 들판 건너 산자락에 진을 칠 것이니 장태를 굴리며 진격할 것입니다. 들판을 가로 지르는 것이라 관군이 총을 쏘겠지만 대나무에 맞으면 총알이 튕겨 나갈 테니 걱정할 것 없습니다."

장태는 밤에 닭이 들어가서 잠을 자는 집이다. 바구니처럼 대나무를 엮어서 만드는 것인데, 길이는 3m 정도 되고 가운데 부분이 배불뚝이처럼 볼록하다. 그리고 양쪽 입구는 닭이 드나들 정도로 작았다. 이 장태를 처마나 나뭇가지에 매달아 두면 닭들이 그 속에 들어가서 잠을 잤다. 그러면 족제비나 여우같은 짐승이 닭을 잡아가지 못했다. 산골이나 산짐승이 많은 곳에서는 닭을 키우는 데 없어서는 안 되는 것이었다.

그런데 황룡강 논둑 밑에 늘어놓은 장태는 보통 장대보다 컸다. 길이도 더 길고 둘레도 커서 높이가 가슴팍에 올 정도였다. 그런 장태를 백 개도 넘게 옆으로 늘여 세워 놓았다.

관군이 농민군에게 대포를 쏘면서 전투가 시작되었다. 농민군은 장태를 굴리며 관군이 진을 친 산자락을 향해 들판을 가로질러 달렸다. 관군이 소총과 기관총을 쏘아댔지만 장태에 맞고 튕겨 나갔다. 아무리 총을 쏘아대도 끄덕하지 않고 밀려오는 농민군을 보자 관군은 겁을 먹고 도망치기 시작했다. 농민군은 죽거나 다치는 사람이 거의 없이 산자락까지 진격했다.

**≫ 윗글에서 장태를 묘사한 부분을 찾아 써 보세요.**

    (1) 바구니처럼 대나무를 엮어서 만든다.

    (2) 길이는 3미터 정도 된다.

    (3) 가운데 부분이 배불뚝이처럼 볼록하다.

    (4) 양쪽 입구는 닭이 드나들 정도로 작았다.

    (5) 처마나 나뭇가지에 매달아 두면 닭들이 그 속에 들어가서 잠을 잤다.

**연습**　오늘도 또 우리 수탉이 막 쫓기었다. 내가 점심을 먹고 나무를 하러 갈 양으로 나올 때였었다. 산으로 올라서려니까 등 뒤에서 푸르득푸드득 하고 닭의 횃소리가 야단이다. 깜짝 놀라서 고개를 돌려보니 아니나다르랴, 두 놈이 또 얼리었다.

점순네 수탉(대강이가 크고 똑 오소리같이 실팍하게 생긴 놈)이 덩저리 작은 우리 수탉을 함부로 해내는 것이다. 그것도 그냥 해내는 것이 아니라 푸드득 하고 면두를 쪼고 물러섰다가 좀 사이를 두고 또 푸드득 하고 모가지를 쪼았다. 이렇게 멋을 부려 가며 여지없이 닦아 놓는다. 그러면 이 못생긴 것은 쪼일 적마다 주둥이로 땅을 받으며 그 비명이 킥, 킥 할 뿐이다. 물론 미처 아물지도 않은 면두를 또 쪼이어 붉은 선혈은 뚝뚝 떨어진다.

〈중략〉

"난 감자 안 먹는다, 너나 먹어라."

나는 고개도 돌리려 하지 않고 일하던 손으로 그 감자를 도로 어깨너머로 쑥 밀어 버렸다.

그랬더니 그래도 가는 기색이 없고 뿐만 아니라 쌔근쌔근 하고 심상치 않게 숨소리가 점점 거칠어진다. 이건 또 뭐야, 싶어서 그때서야 비로소 돌아다보니 나는 참으로 놀랐다. 우리가 이 동리에 들어온 것은 근 삼 년째 되어 오지만 여태껏 가무잡잡한 점순이의 얼굴이 이렇게까지 홍당무처럼 새빨개진 법이 없었다. 게다가 눈에 독을 올리고 한참 나를 요렇게 쏘아보더니 나중에는 눈물까지 어리는 것이 아니냐. 그리고 바구니를 다시 집어 들더니 이를 꼭 악물고는 엎어질 듯 자빠질 듯 논둑으로 횡허케 달아나는 것이다.

- 〈동백꽃〉 중에서 -

1. 점순네 수탉이 우리 수탉을 함부로 해내는 것을 어떻게 묘사하고 있는지 쓰세요.

　(1) 푸드득 하고 면두를 쪼았다.

　(2) 그리고 물러섰다가 좀 사이를 두고 _____

　(3) 이렇게 멋을 부려 가며 _____

2. 작중 화자인 '내'가 감자를 안 먹겠다고 하자 점순이가 보인 반응을 어떻게 묘사하고 있는지 쓰세요.

　(1) 어깨너머로 준 감자를 받지도 않았다.

　(2) 쌔근쌔근하고 심상치 않게 숨소리가 점점 거칠어졌다.

　(3) 점순이 얼굴이 _____

　(4) 눈에 독을 올리고 쏘아보더니 _____

　(5) 이를 꼭 악물고는 _____

>> 다음 글을 참고로 우리 집을 묘사하여 써 보세요.

### 우리 집

우리 집은 성안빌라 402호다.

남쪽을 향해서 커다랗게 창문이 나 있어서 햇볕이 잘 들어온다.

거실에는 컴퓨터와 텔레비전이 있고 내가 그린 그림이 그 위에 걸려 있다.

주방에는 초록색 싱크대가 있고 식탁 옆에 냉장고가 있다.

안방에는 갈색 침대와 회색 옷장이 있고, 아빠가 노트북을 놓고 일하는 탁자가 있다.

내방은 안방 옆에 있는데 문 옆에 전자오르간이 있고, 그 옆에 책상이 있다. 그리고 맞은편으로 침대가 벽에 붙어 있다. 침대 위에 창문이 있는데 우리 학교 운동장이 보인다.

욕실은 안방 옆에 있고, 그 옆에 베란다가 있다. 베란다에는 아빠와 엄마가 키우는 화분이 많이 있다.

#### ● 우리 집 묘사하기 ●

 개념 익히기 11 논거 제시

💡 논거 제시: '논거'는 입장이나 주장을 뒷받침하기 위한 것으로 통계나 자료 등 객관적인 근거를 제시하거나 자신이 그렇게 생각하게 된 까닭을 밝히는 방식입니다.

**예문** 논거 제시하기 1

러시아가 중심이 된 삼국 간섭으로 일본의 국제적 지위가 약해지자, 명성 황후는 러시아를 이용하여 일본 세력을 조선에서 몰아내려 했다. 친러 세력을 등용하여 반일 정책을 추진하게 했던 것이다. 삼국 간섭 후 조선에서 정치적 세력이 크게 줄어든 일본은 갖은 방법으로 그것을 만회하려 했으나, 명성 황후가 친러 정책을 고집하자 최후 수단을 쓰기로 했다. 그리하여 일본 공사 미우라는 일본인 자객들을 앞세워 경복궁에 침입하여 명성 황후를 죽이는 '을미사변'을 일으킨 뒤, 김홍집 등 친일파 인물들로 내각을 꾸려 간섭을 강화했다.

(1) 일본이 국제적 지위가 낮아진 까닭: 삼국 간섭으로 일본은 청나라에서 받은 요동반도를 돌려줘야 했기 때문에 러시아는 힘센 나라가 되었고, 일본은 상대적으로 약한 나라가 되었다.

(2) 일본이 을미사변을 일으킨 까닭: 명성 황후가 친러 세력을 등용하자 러시아를 이용하여 일본 세력을 몰아내려 한다고 생각했기 때문이다.

(3) 일본인 자객들이 경복궁에 침입한 까닭: 명성 황후를 시해하기 위해서 경복궁에 침입했다.

**예문** 논거 제시하기 2

일본 공사 미우라는 일본인 자객들을 앞세우고 경복궁에 침입하여 명성 황후를 시해하는 '을미사변'을 일으킨 뒤, 김홍집 등 친일파 인물로 내각을 꾸려 간섭을 강화했다. 신변에 위협을 느낀 고종 황제는 일본을 피해 1896년에 러시아 공사관으로 거처를 옮겼다. 그러자 정치는 친러파에게로 넘어갔다. 지금까지 정권을 잡았던 총리대신 김홍집, 상공대신 정병하는 역적이 되어 경복궁 앞에서 군중들에 의해 무참히 살해되었고, 어윤중은 용인에서 목숨을 잃었다. 일부 관리는 일본으로 망명했다.

(1) 일본이 명성 황후를 시해한 것은 조선 내정을 간섭하기 위한 것이었음을 알 수 있는 근거: 일본 공사 미우라는 을미사변 뒤 김홍집 등 친일파로 구성된 내각을 꾸렸다.

(2) 고종이 러시아 공사관으로 옮긴 것은 신변에 위협을 느낀 것이었음을 알 수 있는 근거: 일본 공사 미우라가 일본인 자객들을 앞세워 경복궁에 침입해 명성 황후를 시해했기 때문에 언제든지 이러한 일이 또 발생할 수 있었다.

>> 다음 글을 읽고 논거를 제시해 보세요.

### 부산 불꽃 축제 '하늘에는 불꽃, 땅에는 바가지'

매년 부산 불꽃 축제에 백만 명 이상 관광객이 몰려 대성황을 이루고 있다. 하지만 어김없이 바가지 요금이 등장해 관광객들이 눈살을 찌푸렸다.

전망 좋은 업소 주변에는 대부분 변칙적으로 가격을 올린 '특별 패키지'를 홍보하고 있었다. 한 호텔에서는 사우나 찜질이용권과 간식을 함께 제공한다며 평소 가격보다 2배를 받고 있었다. 찜질만 이용하고 싶은 고객도 패키지 때문에 돈을 더 내야 했다. 다른 업소도 마찬가지였는데, 전망 좋기로 소문난 한 까페는 층마다 가격을 달리해 최고 8만원까지 받고 있었으며, 횟집에서는 평소 가격보다 2배로 팔기도 했다.

담당 구청은 업소가 버젓이 붙여 놓은 예약 광고판을 보지 못했다고 했다. 해당 구청이 변칙 영업에 뒷짐 지고 있는 사이 바가지요금이 기승을 부리고 있었다.

평소보다 서너 배씩 받는 업체도 있었고 특별한 행사이니 돈을 더 받는다고 대놓고 말하는 주인도 있었다. 축제를 즐기러 온 시민들은 터무니없는 가격에 분통을 터뜨렸다.

구청의 소극적인 태도와 업소들의 비양심적 상술로 바가지요금이 판을 친 불꽃 축제, 부산의 대표적인 문화 행사로 자리 잡기 위해서는 업소들도 한철 장사를 위해서가 아니라 모두 함께 즐기는 축제가 되어 관광객이 다시 찾도록 해야 한다.

---

### 1. 논거 제시

    (1) 관광객들이 눈살을 찌푸렸다: _____

    _____

    (2) 바가지요금이 기승을 부렸다: _____

    _____

### 2. 논거 찾기

    (1) 구청이 소극적이었다는 근거: _____

    _____

    (2) 바가지요금을 받았다는 근거: _____

    _____

>> 다음 글을 읽고 논거를 정리해 보세요.

## 퇴근길 차량 수십 대 강물로 와르르

2007년 미국 미네소타주 주도 미니애폴리스에서 미시시피강을 가로지르는 고속도로 8차로 교량이 무너져 최소 4명이 숨지고 30명이 행방불명됐으며, 60명 이상이 부상을 당했다.

미니애폴리스 시장은 "도심과 이어지는 고속도로 일부인 이 교량이 알 수 없는 이유로 흔들리다 무너져 차량 수십 대가 강물로 추락했다."고 말했다.

경찰은 강물 속에 최소 50여 대의 차량이 빠져 있는 것을 발견했다며 수색 작업이 밤늦게까지 이어질 것으로 전망했다. 사고가 퇴근길 러시아워에 일어나 다리 위에는 차량들이 꼬리를 물고 있었다. 따라서 시간이 지날수록 사망자 수는 더 늘어날 것으로 보인다.

경찰과 소방당국은 보트와 잠수부들을 동원해 생존자 구조 작업을 벌이다 밤이 되자 위험을 고려해 작업을 중단했다. 그러나 아직 많은 사람이 강물 위에 떠 있는 교량 잔해 등에 갇힌 상태로 어려움을 겪고 있다고 전했다.

### 미시시피강 다리와 성수대교 붕괴 비교

**미시시피강 다리** — 전체 길이 581m, 붕괴 부위(다리 상판 300m), 왕복 8차로(33m)

▶ 붕괴 일시 : 2007년 8월 1일 오후 6시 5분
▶ 붕괴 원인 : 철골 노후화로 인한 붕괴 추정
▶ 인명 피해 : 최소 4명 사망, 30명 행방불명, 60여 명 부상
▶ 완공 : 1967년 11월    ▶ 추락 차량 : 50~60대
▶ 구조 : 철골 트러스트    ▶ 하루 교통량 : 20만 대

**성수대교** — 전체 길이 1160m, 붕괴 부위(다리 상판 중앙 부분 48m), 왕복 4차로(19.4m)

▶ 붕괴 일시 : 1994년 10월 21일 오전 7시 40분
▶ 붕괴 원인 : 부실 자재 사용 등 설계·시공·감리·유지관리 부실
▶ 인명 피해 : 32명 사망, 17명 부상    ▶ 완공 : 1979년 10월
▶ 추락 차량 : 버스 1대, 봉고차 1대, 승용차 2대
▶ 구조 : 한쪽만 기둥으로 지탱하는 거버 트러스트
▶ 하루 교통량 : 10만 5,000대

문제가 된 다리는 1967년에 건설되어 40년이 되었으며, 하루 차량 14만 대가량이 오가고 있다고 했다. 다리 높이는 19.5m, 길이는 579m이다. 다리는 9개월 전부터 밤마다 양 방향 차로 가운데 각각 1개씩을 차단한 채 노면 보수 공사를 벌이는 중이었다. 2001년 미네소타대학 조사팀은 이 다리 철골 구조물이 금속 피로 현상을 보이고 있다고 진단한 바 있다.

## 1. 논거 제시

(1) 미시시피강 다리가 무너졌다:

(2) 시간이 지날수록 사망자 수는 더 늘어날 것으로 보인다:

(3) 밤이 되자 구조를 중단했다:

## 2. 논거 찾기

(1) 미시시피강 다리가 노후로 인해 붕괴되었다는 근거:

(2) 성수대교가 부실 자재 사용으로 인해 붕괴되었다는 근거:

논술 개념 익히기 12 **주제문 찾기**

💡 주제문: 글쓴이가 글을 통해 나타내고자 하는 생각이 담긴 문장입니다.

주제문 찾기 1

### 만민 공동회에서 개막 연설을 했던 백정 박성춘과 그를 도운 무어 선교사

조선 사회에서 백정들은 상투를 틀 수 없었던 것은 물론 성씨조차도 제대로 사용할 수 없었고, 노비나 아이들에게까지 항상 존댓말을 사용해야 했다. 그리고 자녀를 낳을 때까지 망건은 물론 머리를 묶지도 못했다. 백정이 장가들면 말 대신에 소를 타고 갔으며, 신부는 가마를 타지 못하고 널빤지 위에 앉아서 결혼식장에 가야 했다. 백정들은 기본적인 생활마저 누릴 권한이 없었다.

조선 사회에서는 백정 신분을 벗어날 어떤 길도 없었다. 그런데 이런 상황이 바뀌어 만민 공동회 개막식 연설을 백정 출신 박성춘이 대표로 했던 것이다. 그는 고종 시의(侍醫)인 에비슨에게 치료 받은 후 무어 선교사가 세운 곤당골 교회 첫 번째 백정 교인이 되었다. 하지만 백정 신분이 알려지면서 곤당골 교회 양반들은 하인이나 다른 상놈과 함께 예배를 드리는 것은 참을 수 있지만 백정만은 안 된다고 완강히 반대했다.

이에 무어는 교회에서 계급 구분은 복음 정신에 위배되는 것이라며 양반들 주장을 무시했고 양반들은 분리해 나가 따로 교회를 세웠다. 무어는 1895년부터 본격화된 백정 신분 철폐 운동을 적극 후원했고, 그해 4월 무어 학교에서 교사로 일하던 한국인 선생은 박성춘을 도와서 백정들에 대한 차별 대우를 개정해 달라고 당국에 청원서를 제출했다. 거기에는 무어 선교사가 쓴 편지도 첨부되어 있었다. 이러한 노력으로 그해 6월 6일에 백정 신분을 철폐한다는 포고문이 거리에 나붙었다. 이제 백정도 망건과 갓을 쓸 수 있게 되었으며, 양반들의 구타나 재산 탈취로부터 보호받을 수 있게 된 것이었다.

• **주제문**: 백정도 망건과 갓을 쓸 수 있게 되었으며, 양반들의 구타나 재산 탈취로부터 보호받을 수 있게 되었다.

현대를 살고 있는 우리는 거의 하루도 거르지 않고 텔레비전을 보게 된다. 텔레비전은 우리에게 신속한 정보를 전해 주고, 정신적 휴식 공간을 제공해 줄 뿐만 아니라, 올바른 삶의 방향을 제시해 주기도 한다. 그렇지만 텔레비전이 우리 생활에 유익하기만 한 것은 아니다. 이 글에서는 주로 텔레비전이 주는 나쁜 영향을 비판하고 그 극복 방안을 검토해 보기로 한다.

텔레비전이 우리 생활에 미치는 가장 나쁜 영향으로 가족 간 대화를 단절시킨다는 점을 들 수 있다. 그렇지 않아도 바쁜 현대 생활 속에서 사람들은 모처럼 가족이 모이는 시간에 따뜻한 대화를 하기보다 텔레비전을 본다. 이것 때문에 가족 간 대화 시간이 사라지고 있는 것이다.

또 텔레비전은 시청자를 수동적인 인간형으로 만든다는 점을 들 수 있다. 텔레비전은 그 일방적인 전달성으로 인해 능동적으로 사고하고 행동하는 것을 가로막는 장애물이 되고 말았다. 넓은 사고 영역에 걸쳐 본다면, 텔레비전 문화가 이론적으로 생각하고 분석하는 것, 깊게 생각하는 것, 그리고 추상적으로 개념화하는 것을 둔화시키며, 심지어 개성까지도 파괴한다는 주장도 있다.

그리고 시청자가 상상할 수 있는 힘을 저해한다는 점도 간과할 수 없다. 텔레비전은 영상 화면을 그대로 보여 주기 때문에 시청자들은 상상력을 동원할 필요가 없다. 텔레비전 화면은 생생하기는 하지만 만사를 지나치게 단순화하고, 사소하고 말단적인 것에 집착하게 한다. 그래서 인플레이션이라고 하면 슈퍼마켓 진열대와 주유소 정도를 연상하며, 전쟁이란 즐비한 시체 아니면 멀리 흩어지는 폭탄 연기 이미지로 생각될 뿐이다. 그 앞, 뒤, 밑, 속을 이어가며 생각하는 힘이 길러지지 않는다.

텔레비전은 우리 생활을 윤택하게 해 준 점도 있지만, 그에 못지않게 우리 생활에 악영향을 미친 것이 더 많다. 그렇다고 해서 우리가 텔레비전을 보지 않을 수는 없다. 텔레비전을 시청하기는 하되 능동적인 자세로 선택하고 수용하여 소화시킬 수 있는 능력과 여유를 가지도록 스스로 노력해야 할 것이다.

• **주제문**: 텔레비전을 시청하기는 하되
.................................................................................................................................

.................................................................................................................................

.................................................................................................................................

.................................................................................................................................

>> 다음 글을 읽고 주제문을 찾아보세요.

 주제문 찾기 **1**

　　보신탕을 먹는 한국인을 야만인이라고 비난하는 것은 유목 사회 기준이다. 유목 사회에서는 짐승 대부분을 식용으로 사용하면서도 유독 개는 제외했다. 일상생활에서 개는 밤에 천막을 지켜주고 괴한이 습격할 때 잠을 깨워 생명을 지킬 수 있게 해 주었기 때문이다. 그렇게 생명을 보호해 주는 동물을 잡아먹는 것이 그들에게는 야만적 행위로 보였을 것이다. 그러나 농경 사회에서는 하루 종일 논밭에서 일하기 때문에 제 발로 나가 제 발로 집을 찾아오는 개, 닭 혹은 염소를 길러 잡아먹었던 것이다. 이러한 생활사적 조건을 무시한 채 함부로 야만인이라고 말하면 안 된다. 보신탕을 못 먹게 하는 것은 좋으나 말은 바로 해야 할 것이다.

• 주제문: _____

주제문 찾기 **2**

　　우리나라 청소년들 식생활에는 문제가 있다. 요즘 청소년들은 김치보다는 햄버거나 피자 같은 서양 음식을 즐겨 먹는다. 패스트푸드점이 성황을 이루는 것도 청소년들이 가진 이러한 식생활 습관으로 인한 것이다. 그런데 청소년들이 좋아하는 이러한 식품들은 대부분 인스턴트식품이라는 데 문제가 있다. 알려진 바에 의하면, 인스턴트식품을 많이 섭취하면 영양 균형이 깨져 건강하게 성장할 수 없을뿐더러 각종 성인병에 걸릴 확률도 높아진다고 한다.

• 주제문: _____

주제문 찾기 **3**

　　도시에서 생활하는 시민들은 낯선 이웃과 살아간다. 과거 우리 조상들이 동족 부락에서 살던 것과는 아주 다르다. 도시 사람들에게는 이웃 간 유대 관계가 없다. 그러나 이웃과 비슷한 생활 문제를 공유하고 있다. 또 현대 사회의 경제 구조는 나와 내 가족만이 동떨어져서 잘 살 수 없게 한다. 이웃이나 국가, 사회를 외면한 채 내 가족만이 안정된 행복을 누릴 수도 없다. 그러므로 도시에서는 이웃끼리 서로 도우며 살아야 한다.

• 주제문: _____

## 논술 개념 익히기 13 상황 제시

💡 상황 제시: 다루고자 하는 주제와 관련한 상황을 정리하고 제시하는 과정입니다.

### 연습 1 | 을사늑약 현장을 가다

1905년 11월 9일 이토 히로부미가 일본 왕 친서를 들고 서울로 왔다. 그는 고종을 만나서 조선 외교권을 일본에게 넘기라는 새로운 조약 체결을 강요했다.

11월 17일 경운궁에서 대신 회의가 열렸다. 그가 일본군 사령관과 함께 회의에 참석했고, 회의장 밖은 일본군이 둘러싸고 있었다. 그는 대신 8명을 모아 놓고 조약 체결에 찬성할 것을 강요했다. 한 규설, 이하영, 민영기가 조약에 반대했고, 이완용, 이근택, 이지용, 권중현, 박제순이 찬성했다. 이들 5명 찬성 의견을 바탕으로 강제 통과된 협약안을 18일에 발표했다.

• 주제: 을사늑약 현장을 가다
• 상황 제시: (1) 이토 히로부미가 일본 왕 친서를 들고 서울로 왔다.

(2) 고종과 대신들을 만나 조선 외교권을 일본에게 넘기라는 조약 체결을 강요 했다.

(3) 대신 5명이 찬성했다.

### 연습 2 | 헤이그 특사 파견

1907년 네덜란드 헤이그에서 제2회 만국 평화 회의가 열렸다. 고종은 대한 제국 문제를 국제 사회에 알리기 위해 이상설, 이위종, 이준을 특사로 파견했다. 64일간 이어진 긴 여정을 거쳐 헤이그에 도착했지만 국제 사회는 그들을 냉대했다. 일본이 방해 공작을 폈고, 믿었던 러시아가 배신했다. 대한 제국을 일본 보호국으로 승인해 주었던 열강들 이해관계 때문에 특사들은 회의에 참석조차 할 수 없었다.

• 주제: 헤이그 특사 파견
• 상황 제시: (1) 1907년 네덜란드 헤이그에서 제2회 만국 평화 회의가 열렸다.

(2) 고종은 헤이그에 특사를 파견했다.

(3) 열강들 이해관계로 특사들은 회의에 참석조차 할 수 없었다.

연습 3

## 신념을 실천으로 옮긴 최익현

조선은 18세기에 영·정조 시대를 맞아 정치가 안정되고, 경제가 발달했다. 그러나 19세기가 되면서 나이 어린 왕이 즉위하고 특정 가문이 권력을 독점한 세도 정치로 국력이 약해졌다. 관리들은 관직을 사고팔고, 온갖 명목으로 세금을 거두어들여 백성은 살기가 어려웠다.

밖으로는 개항을 요구하는 서양 세력이 밀어닥쳤다. 병인양요와 신미양요, 운요호 사건 등을 거치면서 조선은 개항을 하지 않을 수 없게 되었다.

나라가 안팎으로 위기에 처하자 지식인들은 나라를 바로 세우기 위하여 두 가지 길로 나뉘었다. 서양 문화를 받아들여 나라를 부강하게 만들어야 한다는 개화사상과 서양 오랑캐를 물리치고 나라를 바로 세워야 한다는 위정척사 사상이었다.

혼란한 시대 상황에 관리가 된 사람들은 자기 소신을 가지지 못하고 이익에 따라 휩쓸리는 경우가 많았다. 하지만 최익현은 자기 신념에 충실하고 그 신념을 실천에 옮긴 선비였다. 스물세 살 되던 1855년 과거에 급제하여 언론을 담당하고, 벼슬아치들을 감찰하고 비판하며 문서를 작성하는 벼슬인 언관직을 주로 지내면서 모두가 흥선 대원군에게 눌려 할 말을 못하던 때에 자기 할 말을 소신 있게 하는 꼿꼿한 관리가 되었다.

1873년에는 흥선 대원군이 서원을 철폐한 것을 비판하는 '계유상소'를 올렸다. 1876년에는 일본은 서양 오랑캐와 같은 나라이니 청나라보다 더 위험하다면서 일본과 수호 조약을 결사반대하는 '병자지부소(丙子持斧疏)'를 올렸다가 흑산도로 유배를 갔다.

1895년 명성 황후가 시해당하는 을미사변이 일어나자 의병 운동을 전개했다. 이 항일 의병 운동은 일제 강점기를 거치면서 끊이지 않고 타오른 독립운동에 밑거름이 되었다.

- **주제:** 신념을 실천으로 옮긴 최익현
- **상황 제시:** (1) 19세기가 되자 나이 어린 왕이 즉위하고 특정 가문이 권력을 독점하는 세도 정치로 조선은 국력이 약해졌다.

  (2) 밖으로는 개항을 요구하는 서양 세력이 밀려와 조선은 개항을 해야 했다.

  (3) 세도 정치 시기 및 흥선 대원군 집권 때, 자기 소신을 가지고 실천에 옮긴 관리가 드물었다.

≫다음 주제로 상황을 제시하고 글로 정리해 보세요.

1. 주제: 우리 학교 급식

2. 상황 제시: (1) _____

_____

(2) _____

_____

(3) _____

_____

3. 위에서 제시한 상황을 글로 이어서 쓰세요.

| 주제: 우리 학교 급식 |
| --- |

## 논술 한 단계

**논술** 개념 익히기 **14** 원인 분석 1

💡 원인 분석: 제시된 상황에 대한 원인을 찾아 정리하는 과정입니다.

**연습 1**
### 국채 보상에 대하여 권고

　　근일 대구 서상돈 씨 등 취지서에 담배 끊어 국채 1,300만 원 갚자는 일에 대해 본인이 얼마만큼 감사하고 다행하여 두어 변변치 못한 말로 우리 2,000만 동포에게 고하오니 잠시 시간 허비함을 아끼지 마시고 보아주시기를 바라나이다. … 혹 어떠한 사람들이 말하기를 그 돈을 내가 썼나 남이 썼더라도 한 푼이나 누가 구경하였나 왜 우리더러 물라는가 무슨 돈을 1,300만 원이나 차관하여서 다 무엇에 썼나. 우리가 추렴 내어 물어주면 재미가 있어 또 차관만 하게 할 것이다. 그 사람들의 말이 혹 그럴듯하나 조금 잘못 생각한 듯하오. … 설령 그 세간살이 하든 사람이 미워서 갚고 싶지 않더라도 가옥 전투를 다 빼앗기고 보면 그 부모와 집안 식구를 다 어디다 두며 제 몸은 어니나 남으며 부엇을 먹고 살겠소. 그렇게 되고 보면 그 자식들이 어디 가서 사람이라고 행세할 수 있소. 지금 국채 일체도 그와 비슷하오. 우리나라 사세를 가량하여 보면 10년 동안에 어디서 돈이 나서 1,300만 원을 갚겠소. 더 쓰지나 말면 다행이지요. 그런 즉 우리가 일심하여 갚아보자고 하여볼밖에 수가 없소. 나라의 토지를 빼앗긴다든지 재산을 빼앗긴다든지 하면 우리가 어찌 생활할 수 있소. 대한 사람이라고 어느 나라에 가서 행세할 수 있소. 서상돈 씨 말에 담배 끊자고만 하였지만 내 생각 같으면 술도 끊으면 어떻겠소. 또 비단옷 입은 사람은 무명옷 하여 입고 밥 먹던 사람은 죽 쑤어 먹고 타고 다니던 사람은 걸어 다녀서 그렇게 모아서 빚 좀 갚아보면 어떻겠소. 무명 옷 입고 죽 먹고 걸어 다니고 술 담배 다 끊어도 아무 어려운 일도 없고 아무 해로운 일도 없소. … 이 일이 성공하고 보면 천하만국에 그만큼 빛날 일이 없고 국권도 회복될 날이 있소. 이 일을 못하고 보면 2,000만 동포들 일시에 모두 모아 하늘을 덮어도 다시 할 수 없소.

〈대한매일신보〉, 1907년 2월 28일, 심의철

- **주제:** 백성이 나서서 나라 빚을 갚아야 하는 원인
- **원인 분석:** (1) 나라가 지금 빚을 1,300만 원 졌으나 갚을 능력이 없다.

　　　　　　　(2) 사람은 집과 땅을 다 빼앗기고 나면 자기와 식구들 몸 둘 곳이 없고 먹고 살길이 막막하다.

　　　　　　　(3) 나라도 마찬가지이다. 나라를 빼앗기고 나면 백성이 어찌 생활할 수 있으며, 어디를 가서도 대한 사람이라고 말할 수 없다.

**연습 2**　지난 1998년 1월 29일에 발행된 시사주간지 뉴스플러스 119호에는 〈부잣집 금괴, 나와라 '뚝딱'〉이라는 제목으로 당시 금 모으기 운동에 관한 기사가 실렸다. 기사에서는 1998년 대표적인 한국 풍속도로는 금을 팔기 위해 국민들이 은행과 방송국으로 몰려드는 「골드러시」가 뽑힐 것 같다고 전했다.

　IMF(국제 통화 기금) 외환위기 사태가 몰아닥친 1997년 말 검찰과 새마을부녀회 등 일부 기관에서 조금씩 이뤄지던 금 모으기 운동은 새해 들어 1월 5일 주택은행, KBS, 대우가 「나라사랑 금모으기」 캠페인을 시작하면서 본격화되었다. 1월 15일 캠페인 참가자가 100만 명을 넘어섰고, 모인 금도 무려 80여 톤(214만 돈쭝)이 넘었다고 전했다.

　이렇게 금 모으기 운동이 펼쳐진 까닭은 나라가 외환 보유고 부족으로 국제 통화 기금으로부터 구제 금융을 받게 되었기 때문이다. 이 위기를 극복하기 위해서는 나라가 외화를 많이 보유해야 하는데, 이를 사 올 수 있는 방법은 금을 파는 것이 최선이었다. 그래서 사람들이 나라를 구하기 위하여 자신이 가진 금붙이를 내놓은 것이다

　금 모으기 운동도 경쟁이 붙어 외환은행과 현대가 10일부터, 농협과 106개 시민단체, MBC, 삼성물산 등이 12일부터, 국민은행과 SBS, LG상사가 13일부터 각각 비슷한 행사를 시작했다고 전했다.

　이와 같은 열기는 외국 언론들도 놀라게 만들었으며, 재벌그룹 회장부터 종교인, 연예인, 스포츠맨, 초등학생까지 각계각층 사람들이 모두 참여했다고 전했다.

　현역 육군 소장이 계급장을 뜯어냈고 70대 할아버지는 금니를 뽑았으며, 전 양궁 국가대표 김수녕 씨는 올림픽 금메달 2개 중 1개를 과감히 내놓기도 했다고 전했다. 외채 상환 금 모으기 범국민 운동 본부 이성옥 사무총장은 "현재 국민들이 가진 금이 3,000여 톤(300억 달러) 정도가 되는 것으로 추산되며, 이번 금 모으기 운동을 통해 1,000톤 정도 모을 것으로 기대한다."며 낙관적인 견해를 밝혔다고 전했다.

• 주제: 각계각층 사람들이 나서서 금을 내놓은 원인

• 원인 분석: (1) 외환위기로 나라가 위기에 놓였다.

　　　　　(2) _____

　　　　　　　_____

　　　　　　　_____

　　　　　(3) _____

　　　　　　　_____

　　　　　　　_____

>> 다음 글을 보고 원인을 분석해 글로 정리해 보세요.

＞＞＞＞＞＞＞＞＞＞＞＞＞＞＞＞＞＞＞＞＞＞＞＞＞＞＞＞＞＞＞＞＞＞＞＞＞＞＞＞

　　매달 6일은 재은이가 한 달치 용돈을 받는 날이다. 지금까지 날짜에 맞게 받아 한 달 동안 세운 계획 대로 짜임새 있게 쓸 수 있었다. 그런데 이번 달은 일주일이 지났지만 아직까지 용돈을 받지 못했다. 엄마에게 왜 정해진 날짜에 용돈을 주지 않냐고 따졌지만, 정확한 대답을 하지 않은 채 '나중에 나중에'라는 말만 되풀이했다. 그래서 친구들과 롯데월드에 가기로 한 것도 취소하고, 초대받은 생일 파티에는 선물을 준비하지 못한 채 가게 되었다. 용돈에는 준비물 비용도 포함되어 있는데 이번 주는 준비물도 챙겨가지 못해 친구에게 빌려서 썼다.

1. 예문을 보고 재은이가 용돈을 받지 못한 원인을 생각해서 써 보세요.

(1) 아빠가 다니던 회사가 부도나서 월급을 받지 못했다

(2)

(3)

2. 위에서 밝힌 원인을 자세히 풀어서 쓰세요.

＞＞＞＞＞＞＞＞＞＞＞＞＞＞＞＞＞＞＞＞＞＞＞＞＞＞＞＞＞＞＞＞＞＞＞＞＞＞＞＞

## 논술 개념 익히기 15  원인 분석 2

💡 원인 분석: 제시된 상황에 대한 원인을 찾아 정리하는 과정입니다.

**연습 1**

### 안중근 재판 진술 가운데

나의 이번 거사는 개인적으로 한 것이 아니고 한일 관계와 관련해서 결행한 것이다. 내가 오해하고 있다고 하지만 아니다. 오히려 나는 너무 잘 알고 있다고 생각하기 때문에 이토가 행한 방침을 말하겠다. 1905년 5개조 보호 조약에 대한 것인데, 이 조약은 황제와 한국민 모두가 보호를 희망했던 것이 아니다. 그런데 이토는 황제와 한국민이 원하여 조약을 체결한다며 일진회를 사주하고 각 대신을 돈으로 속여 조약을 체결했다. 우리 황제 폐하는 이를 허락지 않으셨고 대신 5명만 서명했을 뿐인데 이런 조약으로 우리 국권을 빼앗으니 어찌 분개치 않으리오.

〈중략〉

황제께서 은밀히 이상설을 보내어 헤이그 평화 회의에 가서 강제로 체결한 5개조 조약은 무효임을 밝히려 하셨다. 이 일로 이토는 한밤중에 칼로 황제를 협박해서 7개조 조약을 체결시켜 황제를 폐위시키고 군대를 해산시켰다. 국민들은 점점 격분하여 오늘날까지 일본군과 싸우고 있으며, 아직도 수습되지 않았다. 이로 인해 십만 이상의 한국민이 학살됐다. 그들 모두 이토 때문에 학살된 것이다. 이토 그는 간사한 꾀가 뛰어나기 때문에 '한국은 일본이 보호하는 것을 좋아하고 있다.'라고 신문에 실어 세계를 속이고 일본 천황을 속이고 있다. 나는 이토를 죽여야 한국 독립을 회복하고 동양 평화를 유지할 것이라고 믿었고, 이제 그 목적을 달성하였으니 죽음에 한이 없다.

- 주제: 안중근 의사가 이토에게 총을 쏠 수밖에 없었던 원인
- 원인 분석: (1) 이토는 황제와 한국민이 원한다고 하면서 일진회를 사주하고 각 대신을 돈으로 속여 조약을 강제로 체결하고 국권을 빼앗았다.

  (2) 이토는 헤이그 사건을 핑계로

  (3) 이토 때문에 많은 한국민이 학살됐다.

  (4) 이토는 한국은 일본이 보호하는 것을 좋아하고 있다며 세계를 속이고 일본 천황을 속이고 있다.

  (5) 이토를 죽여야

**연습 2** 　지난 2007년 10월 10일자 경향신문에서는 천주교인권위원회와 한국엠네스티 같은 20여 개 시민단체가 한국프레스센터에서 '사형 폐지 국가 선포식'을 열었다고 보도했다. 이들은 "사형 집행이 중단된 지 만10년이 되는 12월 30일에 대한민국은 국제 사회에서 인정하는 '사실상 사형 폐지 국가'가 되며 국회는 속히 사형제 폐지법을 통과시켜 법적인 사형 폐지 국가가 되도록 해야 한다."고 밝혔다고 한다.

　사실상 '사형 폐지 국가'란 마지막으로 사형을 집행한 뒤 10년 이상 집행을 하지 않은 국가를 말한다. 2018년 기준 법으로 사형을 폐기한 '사형 폐지 국가'와 '사실상 사형 폐지 국가' 등 전 세계 162개국이 실질적 사형 폐지 상태라 한다. 사형제 폐지를 주장하는 대표적인 단체인 국제엠네스티는 "사형제는 국가가 개인이 가진 생명에 대한 권리를 침해하는 잔인하고 비인간적인 제도로, 범죄는 사회가 공동으로 책임져야 하는 것인데 사형제는 범죄 책임을 범죄자 개인에게만 돌리는 비겁한 행동"이라 주장하고 있다.

　사형은 국가가 죽음으로 개인을 벌하는 것인데 인간인 사형수에게 법이라는 이름으로 다시 살인을 하는 것은 인간 생명 존엄성을 무시하는 것이다. 또 죄를 지은 사람이 뉘우친다면 용서해 주고 삶을 반성하고 제대로 살아갈 수 있도록 기회를 주어야 하는 것인데 사형제는 그런 기회를 인위적으로 빼앗는 것이다. 재판 판결이 언제나 정확히 내려지는 것은 아니기 때문에 억울하게 사형당하는 경우도 있다. 후진국에서는 정치가가 자신을 반대하는 사람을 없애기 위해 사형제를 나쁘게 이용하기도 했다. 선진국에서는 대부분 사형제를 폐지했는데, 이것은 사형제가 있는지 없는지에 따라 그 나라 인권이 어떠한지, 문화 수준이 어느 정도인지를 보여 주는 것이다.

　사형제를 실시하고 있는 나라가 흉악 범죄가 줄어들지 않은 것을 봐도 사형제가 사회 범죄를 완전히 없앨 수는 없다는 것을 알 수 있다. 미국에서는 사형제가 폐지된 주가 사형제를 실시하는 주보다 살인 범죄율이 더 적다는 통계도 있다고 한다.

- 주제: 사형제 폐지가 필요한 까닭
- 원인 분석: (1) 국가가 죽음으로 개인을 벌하는 것인데 인간을 법이라는 이름으로 살인하는 것은 인간 생명의 존엄성을 무시하는 것이다.

　　　　　　(2) _____

　　　　　　(3) _____

　　　　　　(4) 후진국에서는 정치가가 자신을 반대하는 사람을 없애기 위해 나쁘게 이용하기도 한다.

　　　　　　(5) _____

　　　　　　(6) _____

>> 다음 주제로 원인 분석을 해 글로 정리해 보세요.

1. 주제: 해외연수 가는 어린 학생

2. 원인 분석: (1) _____

    (2) _____

    (3) _____

3. 위에서 제시한 분석 내용을 글로 이어서 쓰세요.

주제: 해외연수 가는 어린 학생

## 논술 개념 익히기 16 대안 제시

💡 대안 제시: 상황 제시에서 내세운 문제에 대한 해결 방법 또는 올바른 대안을 제시하는 과정입니다.

**연습 1**　　조선 쌀값은 1914년부터 1916년까지 풍년이 들어 안정된 값에 거래되고 있었다. 그런데 1917년이 되면서 쌀값이 오르기 시작했다. 쌀값이 오른 가장 큰 원인은 당시 일본에서 쌀이 모자랐기 때문이다.

일본은 산업화와 도시화가 진행되어 농사를 그만두고 도시로 진출하는 사람이 늘어나 쌀 생산량이 감소했다. 또 자연재해로 인해 흉년이 거듭되었다. 그러자 미곡상(쌀장사를 하는 사람)과 지주들은 쌀을 매점매석(물건 값이 오를 것을 예상하여, 어떤 상품을 한꺼번에 많이 사 두고 되도록 팔지 않으려는 일)해 일본 내 쌀값 폭등을 부추겼다.

일본 정부는 자국 내 쌀값 안정을 위하여 비밀리에 미곡상인 스즈키 상점을 통해 조선 쌀 20만 석을 조선 사람들 몰래 사들이게 했다. 그러자 이번에는 조선 내에서 쌀값이 폭등하게 되었다. 조선에서는 굶주린 사람이 늘어나고 하루 종일 기다려도 쌀을 살 수 없게 되었다. 이런 일이 계속되자 사람들로부터 불만이 터져 나왔다. 목포 철도 일꾼들은 쌀집을 습격했고, 부산·서울·원산 등지에서는 사람들이 전단지를 뿌리며 일본 통치의 부당함을 알렸다. 또 노동자들은 동맹 파업과 임금 투쟁을 벌였다. 이 같은 상황이 이어지면서 일본에 대한 국민들 불만은 쌓여 갔다.

**≫ 조선과 일본 쌀값이 오른 원인과 그 대안을 정리해 보자.**

| 상황 | 원인 | 대안 제시 |
|------|------|-----------|
| 일본 쌀값이 올랐다. | 산업화와 도시화로 농사를 그만두고 도시로 진출하는 사람이 늘어나 쌀 생산량이 감소했고, 자연재해로 인해 흉년이 들어 쌀 생산량이 줄어들었기 때문이다. | 일본 정부는 자국 내 쌀값 안정을 위하여 비밀리에 미곡상인 스즈키 상점을 통해 조선 쌀 20만 석을 조선 사람들 몰래 사들이게 했다. |
| 조선 쌀값이 올랐다. | 일본에서 쌀이 모자라자 스즈키 상점이 조선 쌀 20만 석을 사들여 일본으로 가져갔기 때문이다. | 목포 철도일꾼들은 쌀집을 습격했고, 부산·서울·원산 등지에서는 사람들이 전단지를 뿌리며 일본 통치가 부당함을 알렸다. 또 노동자들은 동맹 파업과 임금 투쟁을 벌였다. |

**연습 2**　요즘 초등학생 부모님이 갖고 있는 고민거리 가운데 하나는 '지나친 스마트폰 사용'이라고 한다. 사용 목적이 주로 '게임이나 채팅, 유튜브 시청을 하기 위해서'라는데, 스마트폰 사용이 늘어난 초등학생들은 스스로 절제가 쉽지 않다. 이런 상황에서 무조건 하지 말라고 하는 것은 오히려 나쁜 결과를 가져올 수 있다. 그러므로 부모님들은 지나친 스마트폰 사용이 왜 나쁜지를 설명해 주어야 한다. 또 부모님이 사용 시간을 정해 주고 약속을 지킬 때 칭찬해 주는 것도 좋은 방법이다. 부모님과 함께 대화하고 노는 시간을 갖는다면, 스스로 제어하는 힘도 기를 수 있을 것이다.

• 문제점: 요즘 초등학생은 스마트폰을 지나치게 많이 사용한다.
• 대안 제시: (1) 부모님들이 지나친 스마트폰 사용이 왜 나쁜지 설명해 준다.

　　　　　　(2)

　　　　　　(3)

**연습 3**　학교 폭력이 점점 심해지고 있다. 자살로까지 이어지기도 하는 학교 폭력은 금품 갈취, 언어폭력, 신체적 가해 등 다양하다. 이러한 학교 폭력을 예방하기 위해 가정과 학교에서는 폭력이 범죄 행위라는 것을 교육해야 한다. 피해자는 혼자 해결하려고 하지 말고 부모님 혹은 선생님과 상담해서 계속될지도 모를 폭력에서 벗어나도록 노력해야 한다. 또 비속어나 욕설은 듣는 상대에게 보이지 않는 큰 상처를 입히게 되므로, 바른 말 고운 말을 쓰도록 해야 한다.

• 문제점: 학교 폭력이 점점 심해지고 있다.
• 대안 제시: (1)

　　　　　　(2) 혼자 해결하려고 하지 말고 어른들과 상의한다.

　　　　　　(3)

**연습 4**　대기가 날로 오염되어 간다. 대기오염은 여러 가지 질병을 일으키고, 먹이사슬로 연결되는 생태계 질서를 파괴한다. 대기오염을 줄이는 방법으로는 우선 대기오염이 얼마나 심각한지 깨달아야 한다. 그리고 화학연료, 프레온 가스 등 오염을 일으키는 물질 사용을 줄이고, 오염 물질을 잘 흡수하는 나무를 많이 심는다.

• 문제점: 대기가 날로 오염되어 간다.
• 대안 제시: (1)

　　　　　　(2)

» 다음 주어진 문제점을 해결하기 위한 대안을 제시하시오.

1. 문제점: 맞벌이 가정에서는 아이들이 외로움을 느낀다.

   대안 제시: (1) _____

   　　　　　 (2) _____

   　　　　　 (3) _____


2. 문제점: 명절이 되면 주부들은 명절증후군으로 스트레스를 받는다.

   대안 제시: (1) _____

   　　　　　 (2) _____

   　　　　　 (3) _____


3. 문제점: 아파트 층간소음으로 주민들 사이에 싸움이 잦다.

   대안 제시: (1) _____

   　　　　　 (2) _____

   　　　　　 (3) _____


4. 문제점: 지역 주민들 반대로 쓰레기 소각장이나 화장장을 건설하기 어렵다.

   대안 제시: (1) _____

   　　　　　 (2) _____

   　　　　　 (3) _____


5. 문제점: 사교육비 지출로 여러 가정이 경제적인 부담을 느끼고 있다.

   대안 제시: (1) _____

   　　　　　 (2) _____

   　　　　　 (3) _____

## 논술 개념 익히기 17 반대하기

💡 반대하기: 대안 제시에 대한 반발이나 부작용을 밝히는 과정입니다.

**연습 1**

### 최린이 변절하고 친일에 앞장선 이유

3·1 만세 운동이 일어나고 무단 통치로 한국민을 지배하기 어렵다고 판단한 일제는 문화 통치를 도입했다. 겉으로 보기에는 한국민에게 교육을 받을 수 있는 기회, 언론에 대한 자유, 문화 혜택을 주는 것처럼 보였다. 그러나 문화 통치는 친일파와 변절자를 많이 만들어 냈고 한국인을 분열시켰다.

3·1 만세 운동 때 독립 선언서에 서명하고 낭독한 민족 대표 33인은 일제에 체포되었다. 최린은 일제 당국에 전화로 신고하라고 태화관 주인에게 말하고 체포되었다.

최린은 체포 후 3년형을 받았지만 가석방 이후 조선 총독 사이토의 계획에 의해 문화 통치를 실현시키는 도구가 되었다. 일제는 최린을 통해 식민지 지배 지지 운동을 적극적으로 벌이게 했다. 또 그는 중·일 전쟁과 태평양 전쟁이 일어나자 강연회를 열어 젊은이들에게 전쟁에 나갈 것을 적극적으로 권유했다.

하지만 해방이 되고 대한민국 정부가 수립된 뒤 1949년 반민족 행위 특별 조사 위원회에 체포되어 재판을 받았다.

"기미 독립 선언을 적극적으로 주도한 피고가 왜 일제에 협력하게 되었는가?"

라고 묻는 재판장에게 최린은 3·1 만세 운동 후 일제가 자신을 주목하고 위협해서 끝내는 민족을 배반하는 행동을 했다면서 그 당시 그럴 수밖에 없었던 이유를 들었다. 첫째는 망명하는 길, 둘째는 자살하는 길, 셋째는 일본에게 항복하는 길 가운데 선택할 수 있었는데, 첫째와 둘째 길을 택하지 못한 것은 늙은 부모에게 불효할 수 없었기 때문이라고 대답했다.

• 최린이 자기 행동을 합리화 한 것에 대한 반발

 (1) 독립운동을 하러 해외로 떠나거나 독립운동 자금을 보탠 국민도 있었다.

 (2) 자신과 가족의 목숨만큼 다른 사람, 다른 가족 목숨도 중요하다.

 (3) 부모님은 일제를 위해 젊은 목숨을 바치라고 한 아들을 자랑스러워하지 않을 것이다.

'자립'이란 부모에게서 경제적으로 독립하는 것이다. 캥거루족, 무머랭키즈, 키퍼스, 빅베이비. 나라마다 불리는 이름은 달라도, 가리키는 대상은 같다. 나이는 성인이 되었어도 경제적으로 독립하지 않고 부모에게 의지해 함께 살고 있는 젊은이를 가리키는 말이다.

예전에는 20~30대가 되면 취업을 해서 가정을 이루고 살았다. 그러나 예전과 달리 요즘은 학교에 다니거나 취업을 준비하는 기간이 길어져 독립이 늦어지고 있다.

모두가 선호하는 직장에 들어가기 위해서는 여러 자격증을 취득해야 하고, 어학에 능통해야 하는 등 어려운 취업 준비를 위해 공부 기간이 점점 길어지는 것이 독립을 하지 못하는 요인으로 꼽힌다. 또 부모가 경제력이 있어 뒷받침 해 줄 수 있을 때 도움을 받는 것이 좋다고 생각하기 때문이다. 게다가 사회에 안정적으로 진출하기 위해 학업에 집중해야 하는데 경제 활동과 병행하는 것은 비효율적이라고 생각하기 때문이다. 그래서 이제 '이태백(20대 태반이 백수)'도 옛 말이 된 지 오래고, '이구백(20대 90%가 백수)'이라는 말이 나올 정도이다.

하지만 공부하는 기간이 길어지면서 경제적 부담은 부모에게 돌아가게 된다. 취업 준비 뒷바라지를 하는 바람에 부모는 노년에 안정적인 경제생활이 어려워지기도 한다. 또 국가에서는 취업 준비 때문에 구직 활동을 하지 않아 실업자로 분류되지 않은 청년층 비경제 활동 인구를 제대로 파악하기 어렵다. 공부 중인지 적극적으로 구직 활동을 안하는 것인지 알 수 없기 때문이다.

취업 준비가 길어지고 결혼이 늦어짐에 따라 출산율이 저하되는 문제도 생기고 있다. 의지하려는 마음은 미래에 대한 두려움에서 시작된다. 그러므로 젊은이 스스로가 개척해 가려는 노력이 필요하다.

사회 전체가 나서서 젊은이가 일할 수 있는 고용 확대를 이루어야 한다. 젊은이 스스로도 대기업에만 취업하려고 애쓸 것이 아니라 자기 능력을 발휘할 수 있는 창의력 있는 일자리에 눈을 돌려 보는 것도 경제적으로 독립할 수 있는 방법이다.

- 젊은이들이 취업 문제로 경제적 독립이 늦어지자 나타나는 부작용

  (1) 자식 뒷바라지 때문에 노년에 안정적인 경제생활을 하지 못한다.

  (2) _____

  _____

  (3) _____

  _____

>> 다음 주제에 대한 반발이나 부작용을 생각해 글로 정리해 보세요.

1. 주제: 국립공원 입장료 폐지

2. 반대(반발이나 부작용)

    (1) ................................................................................................................

    (2) ................................................................................................................

    (3) ................................................................................................................

    (4) ................................................................................................................

3. 국립공원 입장료가 폐지되어 나타나는 반발이나 부작용을 위에 쓴 개요를 바탕으로 이어서 써 보세요.

## 논술 한 단계

💡 **결론 쓰기**: 본문에 서술한 내용을 참고하여 마지막에 정리 및 결론을 내리는 과정입니다.

---

**연습 1**           **밀양경찰서 폭탄 투척 의거**

    1920년 12월에 밀양경찰서가 또 의열단으로부터 폭탄 세례를 받았다. 이 일을 감행한 사람은 최수봉이라는 청년이었다. 그는 앞선 1차 계획이 실패해 잡혀간 의열단 동지들이 일제에게 이루 말할 수 없는 악형을 당하고 있다는 사실을 알았다.

    12월 27일 아침 9시 30분경 최수봉은 준비해 간 수류탄 두발 가운데 한발을 경찰서 현관 오른편에 있던 서장실을 향해 유리창 밖에서 던졌다. 서장실에서 서장 와타나베가 순사 19명을 모아 놓고 연말 경계를 위한 특별 훈시를 하고 있을 때였다. 유리창을 깨뜨리고 들어간 폭탄은 아쉽게 불발이 되어 버렸다. 하지만 장내는 순식간에 아수라장이 되었고 일본 경찰들이 범인을 체포하기 위하여 달려 나오는 순간 또 한 발을 경찰서 현관을 향해 던졌다. 큰 소리를 내며 폭탄이 터졌고 현관문과 마루, 벽 일부와 서류함이 파손되었다.

    최수봉은 추격해 오는 일본 경찰들과 거리가 좁혀지자 스스로 죽기를 각오하고 자결했으나, 도립병원으로 이송되어 치료한 뒤 검찰로 넘겨져 재판을 받게 되었다. 이 사건으로 12명에게 체포령이 내려졌으나, 아무도 검거하지 못했다. 대구지방법원은 최수봉에게 무기징역을 선고했다. 검사가 이에 불복하고 1921년 4월 16일 대구복심법원 형사2부에 항소해 사형 판결이 내려졌다. 폭탄 투척으로 죽은 사람은 없었으나 경상도 일대에서 연이어 일어나는 폭탄 투척 사건으로 인해 일본인과 친일파들이 의열단에 대한 공포감과 증오심도 절정에 달했다고 볼 수 있다.

---

• 위의 글을 참고하여 결론을 써 보세요.

> **밀양경찰서 폭탄 투척 의거**
>
>     폭탄 투척으로 죽은 사람은 없었으나 밀양을 중심으로 경상도 일대에서 연이어 일어난 의열 투쟁은 일본인과 친일파들이 의열단에 대한 공포감을 절정에 달하도록 만들었다.

**연습 2**　　　　　　　　　　만주로 간 이회영 형제들

　　1910년 한일 강제 병합이 이루어지자 이회영은 형제들을 불러 모아 만주행을 제안했다고 한다. "슬픈 일입니다. 세상 사람들이 우리 가족에 대하여 말하기를 대한 공신의 후예이기 때문에 나라로부터 받은 은혜와 권세가 한 세대에 지나지 않을 것이라고 하고 있습니다. 그러므로 우리 6형제는 국가와 함께 기쁨과 슬픔을 같이 할 처지에 있습니다. 이제 한일 병합이라는 괴변을 당하여 조선은 왜적에 속했습니다. 우리가 이름난 가문으로 마땅히 지켜야 할 도리가 훌륭한 선비인데, 왜적치하에서 노예가 되어 생명을 구도하면 짐승과 다를 바가 무엇이겠습니까? 이때에 우리 형제는 당연히 생사를 막론하고 처자식을 인솔하고 중국으로 망명하여 차라리 중국인이 되는 것이 좋을까 합니다. 또 나는 동지들과 상의하여 우리나라에서 벌이던 모든 일들을 만주로 옮겨 실천하고자 합니다."

　　이회영 6형제는 일제히 망명을 결의했다. 형제가 만주로 가져간 돈은 40만 원으로 현재 가치로 환산을 해 본다면 약 2조 정도가 된다고 한다. 이 돈은 고스란히 독립운동 자금으로 쓰였다.

　　그러나 그 시대 명문가 자제들이 일시에 만주로 떠나는 일은 결코 쉬운 결단이 아니었다. 강제 병합 이후 일제는 가장 먼저 양반 회유책을 쓰기 시작했다. 작위와 엄청난 은사금을 주었을 뿐만 아니라 부부 동반 일본 여행까지 시켜 주기도 했다. 지배층을 보호해줌으로써 저항을 막으려 했던 것이다. 이렇게 회유된 많은 양반들이 침묵하는 속에서 일제는 병합 작업을 순조롭게 진행했다.

　　그러나 일제의 회유를 뿌리치고 이회영과 형제들은 일가족 40여 명을 이끌고 만주로 향했다. 조선 최고 명문가 집안의 만주행은 마치 살얼음판을 걷는 것과 같은 위험 속에서 극비리에 진행됐다.

• 위의 글을 참고하여 결론을 써 보세요.

　　　　　　　　　　　　　만주로 간 이회영 형제들

　　일제가 양반 회유책을 써서 일제에 협력하도록 했지만 모든 것을 뿌리치고

>> 다음 글을 참고하여 결론을 써 보세요.

얼마 전 ○○일보는 〈먹다 남은 음식을 재활용해 어린이집 급식 제공〉이라는 기사를 내보냈다.

기사에 의하면 서울 강북에 있는 한 어린이집에서 먹다 남은 음식물로 아침 급식용 죽을 만들어 학생들에게 제공해 온 것으로 드러나 학부모들이 거센 비난을 하고 있다고 했다. 학부모 등에 따르면 서울 강북 K어린이집은 최근 수개월간 먹다 남은 김밥과 돈가스, 꿀떡 등을 이용해 아침 급식용 죽을 만들어 학생 70여 명에게 제공해 왔다는 것이다.

이 어린이집에 자녀를 보내고 있는 한 어머니는 "도대체 어떻게 먹다 남은 음식으로 애들이 먹을 것을 만들 수가 있느냐"고 울음을 터뜨렸다고 전했다.

학부모들은 "애들이 어린이집에 다니면서부터 복통과 설사에 시달리고, 피부질환 등으로 고생하고 있다."면서, 이 음식으로 인해 피부질환이 생겼다고 주장했다.

그러나 어린이집 원장 A씨는 "끓인 음식이 가장 안전하다고 생각했기 때문에 죽을 준겁니다. 김치도 1년, 2년 저장하고 먹잖아요."라고 하며, '다양한 재료로 영양죽을 끓여준 것일 뿐, 버려야 할 음식을 줬다는 것은 누명'이라며 학부모들의 주장을 부인하고 있다고 전했다.

어린이집 관계자는 "죽 끓일 때 남은 음식이 있어 넣었고, (위에서) 그렇게 하라고 해서 넣었다."며, "지시가 내려왔기 때문에 (그렇게) 했다."고 전했다. 어린이집 냉장고에서는 유효기간이 지난 음식물이 발견되기도 했다.

K어린이집은 50명 이상 급식을 제공하는 경우 관할 지자체 위생과에 집단급식소 신고를 해야 하는 식품위생법을 지키지 않았다고 구청 측은 밝혔다. 구청은 어린이집에 과태료를 부과하고 고발할 계획이다.

• 위의 글을 참고하여 결론을 써 보세요.

⊙ 먹다 남은 음식을 재활용해 어린이집 급식 제공 ⊙

**논술** **개념 익히기** **19** **6단 논법 1**

💡 6단 논법 1: 6단 논법 개요표 쓰기, 논술문을 쓰기 위한 뼈대를 짜는 과정입니다.

### 주제: 친일 문학 전개

| | |
|---|---|
| **문제 제기**<br>-내포(본질)와<br>외연(현상) | 1. 살기 위해 어쩔 수 없이 친일 문학을 쓸 수 밖에 없는 불가피한 상황이었다. |
| | 2. 당시 상황을 객관적으로 관찰한 결과에 따라서 자발적으로 썼다. |
| **원인 분석**<br>-사회(외부)적 원인<br>-개인(내부)적 원인 | 1. 왜냐하면 친일 문학을 쓰지 않으면 일제가 가혹한 탄압을 했기 때문이다. |
| | 2. 새로운 세계를 접한다는 흥분에 젖어 있었고, 지난 질서가 해체되고 일제에 의해 새로운 세계가 열리고 있었기 때문이다. |
| **대안 제시**<br>-사회(외부)적 대안<br>-개인(내부)적 대안 | 1. 이 시대를 산 작가들은 글을 쓰는 경우 어떤 방식으로든지 일제 강요로부터 자유롭지 못해서 시대적 색채가 작품에 묻어날 수밖에 없었다. |
| | 2. 태평양 전쟁 이후 영국이 최후의 보루로 생각했던 싱가포르를 함락시켰던 일제의 힘을 보듯이 아시아 민족이 서양 세력의 식민 지배로부터 해방되려면 일본을 중심으로 대동아 공영권을 결성하여 아시아에서 서양 세력을 몰아내야 한다. |
| **반대**<br>-대안에 대한 반발과<br>부작용 | 1. 일제 강압에 망명을 하거나 혹은 시골에 묻혀 절필을 하거나, 조선어를 지키고 민족 문학을 펼쳤던 작가도 있었다. |
| | 2. 대동아 공영권은 일본이 아시아 침략을 정당화하기 위한 궤변에 불과한데, 이에 동조하며 우리나라 사람들을 전쟁에 동원시키려 글을 썼다는 것은 일제 군국주의 파시즘에 동조한 범죄 행위이다. |
| **극복**<br>-그 반발도 극복하<br>면서 문제를 해소<br>할 방안 | 1. 글을 쓰지 않고 버티는 것 자체도 쉽지 않았고, 일제가 원하는 작품을 쓰라는 강요에 불복할 경우 바로 잡혀갔다. |
| | 2. 전쟁에 동원하기 위하여 학생들에게 지원을 촉구하거나, 징병을 엄청난 은혜로 생각하면서 이를 축하하는 것 등 다양한 형태의 동원 촉구 문학을 쓴 것은 당시 주변 현실과 세계정세를 고려할 때 현명한 생각이었다. |
| **최종 결론**<br>-전체 정리와 마무리 | 친일 문학을 쓴 작가들은 시대적 상황에 따라 억지로 강요를 받아 작품을 발표하기도 했지만 대부분 일제에 의해 새로운 세계가 열리고 있다고 믿고 새로운 세계를 접한다는 흥분에 젖어서 자발적인 참여를 한 작가들이었다. 일본이 아시아 침략을 정당화하기 위한 궤변에 불과한 대동아 공영권을 주장하며 어린 학생들을 전쟁에 내몰거나 징병을 은혜로 생각하도록 하기 위해 문학 작품을 발표했다. |

>> 다음 글을 읽고 6단 논법 개요표를 작성해 보세요.

## 청소년 데이 문화

2월 14일은 발렌타인 데이다. 청소년을 중심으로 이제는 전 국민이 즐기는 새로운 명절로 자리 잡았다. 발렌타인 데이를 앞두고 산더미처럼 쌓인 선물용 초콜릿 앞에서 사람들은 장사진을 이룬다. 초콜릿 회사가 벌이는 상술이고 국적 없는 명절이며 정체성 잃은 문화 사대주의라는 지적에도 불구하고 청소년들 사이에는 국경일보다 더 중요한 축제다. 지나친 소비문화 때문에 매년 비판을 받지만 해를 거듭할수록 그 규모는 커졌을 뿐 아니라 오히려 그날을 벤치마킹 한 것 같은 또 다른 '데이'들이 생겨나고 있다. 이와 같이 청소년들은 왜 '데이 문화'에 열광하는 걸까?

### 대표적인 day

1월 14일(다이어리 데이): 1년 동안 쓸 다이어리를 선물하는 날

2월 14일(발렌타인 데이): 여자가 남자에게 초콜릿을 주며 고백하는 날

3월 14일(화이트 데이): 남자가 여자에게 사탕을 선물하는 날

4월 14일(블랙 데이): 연인이 없는 남녀가 만나 자장면을 먹는 날

5월 14일(로즈 데이): 장미꽃을 선물하면서 데이트하는 날

8월 8일(라면 데이): 8이 라면처럼 구부러졌다고 해서 라면을 먹는 날

9월 14일(포토 데이): 사진을 함께 찍어 한 장씩 나눠 갖는 날

11월 11일(빼빼로 데이): 빼빼로를 먹는 날

놀거리가 별로 없는 청소년들은 데이 문화를 또래들 축제로 즐기고 싶어 하며, 단순 동조나 과시가 아니라 그것을 통해 스트레스를 해소하고 있다.

축제 문화를 즐기고 싶고 놀이를 통한 자기표현을 하고 싶은 청소년들에게는 데이 문화가 그들이 만든 놀이 문화이고 평범한 일상을 탈피할 수 있는 탈출구다. 우리 사회는 청소년을 위한 날이 거의 없다. 학생의 날 등이 있다고 해도 학생이 즐길 수 있는 행사가 아니기 때문에 오히려 청소년들에게 외면을 당하고 있다. 우리에게도 오랜 전통을 가진 기념일인 설, 정월 대보름, 단오, 추석 등이 있지만 청소년들이 즐겁게 참여하는 일은 극소수다. 그래서 언제부턴가 우리 명절은 사라지고 상업적 의도에서 만들어진 기념일들이 그 자리를 차지하고 있는 실정이다. 그러나 데이 문화는 철저한 상업주의에서 나온 것이라 선물과 소비가 중심이 되어 인기 있는 청소년만 선물을 더 받고, 업체 상술로 인해 비싼 선물을 주고받게 되었다. 이로 인해 선물을 살 돈이 없거나 인기가 없는 청소년은 소외감을 느끼고 있다.

청소년들은 기업들 상술에 젖어 데이 문화를 무조건 받아들이기 보다는 바람직하고 의미 있는 기념일로 이끌 수 있는 방법을 찾아보는 혜안을 발휘할 때다. 또 어른들은 데이 문화에 빠져있는 청소년들을 걱정하기 보다는 그들이 축제 문화를 통해서 또래와 함께 즐기고 자신을 표현할 수 있도록 다양한 축제 문화를 즐길 수 있는 공간을 펼쳐주어야 할 것이다.

## 주제: 청소년 데이 문화

| 문제 제기(상황 제시)<br>-내포(본질)와<br>외연(현상) | 1. 청소년들이 즐길만한 놀이 문화가 부족하다. |
|---|---|
|  | 2. 맨날 똑같이 평범하게 사는 청소년들은 특별한 날이 필요하다. |
| 원인 분석<br>-사회(외부)적 원인<br>-개인(내부)적 원인 |  |
|  | 2. 학교, 학원, 숙제 때문에 청소년들은 자유 시간도 부족하고 스트레스가 쌓이기 때문이다. |
| 대안 제시<br>-사회(외부)적 대안<br>-개인(내부)적 대안 | 1. 친구들끼리 같은 기념일을 챙기다 보면 내가 친구들에게 얼마나 인기가 있는지 알 수 있고 친구들끼리 서로 우정을 확인할 수 있는 기회다. |
|  | 2. 지치고 힘들 때 친구들이 챙겨주는 특별한 선물을 받으면 기분이 좋다. 또 평상시에는 자주 먹을 수 없는 초콜릿이나 사탕을 마음대로 먹을 수 있어서도 좋다. |
| 반대<br>-대안에 대한 반발과<br>부작용 |  |
|  |  |
| 극복<br>-그 반발도 극복하<br>면서 문제를 해소<br>할 방안 |  |
|  |  |
| 최종 결론<br>-전체 정리와 마무리 |  |

## 논술 개념 익히기 20  6단 논법 2

💡 6단 논법 2: 6단 논법으로 짜여진 개요를 바탕으로 논술문을 작성하면 됩니다.

### 주제: 해외에서 일어난 무장 독립운동(봉오동 전투와 청산리 대첩)

| 문제 제기(상황 제시)<br>-내포(본질)와 외연(현상) | 1. 우리나라가 아닌 곳에서 독립운동을 하는 것은 어려웠다. |
|---|---|
| | 2. 교육 운동이나 외교를 통해서 독립을 달성하는 것은 어려움이 많았다. |
| 원인 분석<br>-사회(외부)적 원인<br>-개인(내부)적 원인 | 1. 한국인들이 많이 없기 때문에 물자나 싸울 사람을 얻는 것이 쉽지 않았다. |
| | 2. 교육을 통한 독립운동은 시간이 걸렸고 우리 독립에 힘써 주는 나라가 없었나. |
| 대안 제시<br>-사회(외부)적 대안<br>-개인(내부)적 대안 | 1. 나라를 떠나 있었던 동포들은 애국심이 가득하여 독립군들을 많이 도와주었다. |
| | 2. 해외에 독립운동 기지를 만들어 일제에 맞서 무력으로 싸울 수 있는 병사를 훈련시키고 힘을 키웠다. |
| 반대<br>-대안에 대한 반발과 부작용 | 1. 도움을 준 많은 동포들이 일본군에게 학살당하고 많은 피해를 입었다. |
| | 2. 장소와 자금, 경험이 많은 지도자가 부족하고, 각자 움직이고 있었다. 또 일제는 만주를 침략하여 독립운동을 방해하고 독립군을 공격했다. |
| 극복<br>-그 반발도 극복하면서 문제를 해소할 방안 | 1. 동포들을 지켜주기 위해 일제와 정면으로 대결하여 크게 승리했다. |
| | 2. 전투 경험이 많은 뛰어난 사람들이 모여 힘을 합쳐 전투를 지도했다. 또 국내외 많은 동포들이 몰래 지원하여 크게 승리할 수 있었다. |
| 최종 결론<br>-전체 정리와 마무리 | 만주나 연해주 등 우리나라가 아닌 곳에서 무장 독립 투쟁을 하는 것은 쉽지 않다. 장소와 자금, 싸울 병사와 지도자 부족, 일제 방해 등 여러모로 어려운 조건이었다(상황). 그러나 동포들이 지원해 주었고 전투 경험이 많은 뛰어난 지도자들이 지휘해 봉오동 전투, 청산리 대첩에서 크게 승리할 수 있었다. |

≫ 다음 주제로 논술문을 써 보세요.

1. 두 가지 의견 가운데 자기 생각과 가까운 것을 선택하여 개요를 작성하세요.

- 찬성 주제문: 성형 수술은 자신감을 갖게 하므로 필요할 수 있다.
- 반대 주제문: 자연스러운 내 모습이 아름다운 것이다.

| 문제 제기<br>(상황 제시)<br>−내포(본질)와<br>외연(현상) | 찬 1. 마음에 들지 않는 신체 부분 때문에 자신감이 없다.<br>반 1. 성형 수술을 하면 개성이 없어진다. |
| :---: | :--- |
| | 2. |
| | 3. |
| 원인 분석<br>−사회(외부)적 원인<br>−개인(내부)적 원인 | 찬 1. 사람은 누구나 다른 사람에게 예쁘거나 멋지게 보이고 싶기 때문이다.<br>반 1. 남들이 멋지다고 하는 모습을 그대로 따라가는 것이기 때문이다. |
| | 2. |
| | 3. |
| 대안 제시<br>−사회(외부)적 대안<br>−개인(내부)적 대안 | 찬 1. 자신이 열등감을 가지는 신체 부분을 성형해 바꿀 수 있다.<br>반 1. 성형보다는 자신이 갖고 있는 자연스러운 모습을 아름답게 꾸미는<br>게 좋다. |
| | 2. |
| | 3. |
| 반대<br>−대안에 대한 반발과<br>부작용 | 찬 1. 내 개성을 잃어버리고 남들과 비슷하게 될 수 있다.<br>반 1. 자연스러운 모습보다 성형한 외모를 가진 사람들이 더 인기가 많을<br>수 있다. |
| | 2. |
| | 3. |
| 극복<br>−그 반발도 극복하<br>면서 문제를 해소<br>할 방안 | 찬 1. 내가 생활에 지장을 받을 정도로 열등감을 느끼는 신체 부위가 있다<br>면 성형을 통해 자신감을 찾고 내 모습에 가장 알맞은 모습을 찾으면<br>된다.<br>반 1. 자연스러운 내 모습을 인정하고 발견해 줄 수 있는 사람들을 만나면<br>된다. |
| | 2. |
| | 3. |
| 최종 결론<br>−전체 정리와 마무리 | |

2. 앞에 쓴 내용을 자세히 이어서 논술문을 써 보세요.

주제문:

# 논술 본 단계

논술문 쓰기는
개요 짜기 먼저!

그래, 맞아!
개요 짜기를 먼저하면
논술문 쓰기가
훨씬 쉬워!

논술문 쓰기 1 올바른 분배 방법

　　더더마트는 더 많은 물건을 더 싸게 팔기 위해 아주 크게 만든 백화점식 슈퍼마켓이다. 동네에서 멀기는 했지만 넓은 주차장이 있고 모든 물건을 다 파는 곳이어서 재래시장으로 가던 사람들이나 동네 구멍가게로 가던 사람들이 더더마트로 물건을 사러 갔다. 물건이 많이 팔리자 더더마트는 물건을 납품하는 사람들에게 싸게 물건을 들여 놓으라고 했다. 물건 값은 더 싸졌다. 같은 물건을 싸게 사면 무조건 좋다고 생각하는 사람들로 더더마트는 언제나 붐볐다.

　　그러나 재래시장이나 동네 구멍가게는 장사가 안 되었다. 그리고 더더마트에 물건을 납품하는 사람들은 점점 싸게 들여 놓게 되니까 이익이 남지도 않는 가격으로 물건을 넘겨주어야 했다.

　　재래시장과 동네 구멍가게는 문을 닫는 곳이 점점 늘어났고, 더더마트에 물건을 납품하는 사람들도 힘들어지자 질이 낮은 물건을 납품하게 되었다. 더더마트는 직원들에게도 월급을 조금만 받으라고 했다.

　　더더마트는 장사가 잘되어 점점 부자 회사가 되었고, 여러 곳에 새로운 매장을 열었다. 소비자들은 점점 싼 값에 물건을 사게 되었다. 하지만 직원이나 물건을 납품하는 사람, 그리고 재래시장과 동네 구멍가게를 하는 사람들 고통은 커지기만 했다.

　　도시 번화가에 있는 세다백화점은 질 좋은 물건을 파는 백화점이었다. 핸드백 하나가 한 달 월급만큼이었고, 일 년치 월급을 주어야만 밍크코트를 살 수 있었다. 너무 비싸지 않느냐고 항의를 해도 땅값도 비싸고 파는 물건이 질 좋은 것이니 비싼 것은 당연하다고 했다.

　　일하는 직원들도 월급을 많이 받고, 물건을 납품하는 사람들도 이익이 많이 남았다.

　　소비자들은 물건 값이 터무니없이 비싸니까 아무도 사지 않을 것이라고 믿었다. 그러므로 세다백화점은 곧 망할 것이라고 생각했다. 하지만 사람들은 세다백화점에서 파는 물건을 가지고 있으면 우쭐해졌다. 물건을 사기 위해서 적금을 들기도 하고, 빚을 지기도 했다. 세다백화점 물건을 선물로 받으면 아주 좋아했다. 세다백화점은 많은 사람들이 찾아오지는 않았지만 물건 값이 비싸니까 이익이 많이 남았다. 많이 팔지 않아도 돈을 많이 벌 수 있었다.

　　부자 회사가 된 세다백화점은 사람들이 많이 사는 도시마다 백화점을 열었다. 하지만 소비자들은 세다백화점에서 물건을 사느라고 점점 더 일을 많이 해야 했고 점점 더 빚이 늘어났다.

## 💡 논술하기

>> 예문 1과 예문 2를 서로 비교·대조해 보고 어느 쪽이 더 올바른 판매 방식인지 정한 다음, 정한 쪽에서 보완해야 할 것은 무엇인지 밝혀서 바람직한 소비에 대한 자기 생각을 논술하시오.

## 💡 논술 길잡이

1. 예문 1과 예문 2에 대한 비교와 대조

|  | 비교 | 대조 |
|---|---|---|
| 예문 1 |  |  |
| 예문 2 |  |  |

2. 올바른 판매 방식과 그 까닭은 무엇인지 쓰세요.

3. 올바른 판매 방식에서 보완해야 할 점은 무엇인지 쓰세요.

4. 바람직한 소비는 어떻게 이루어지는지 쓰세요.

**논술문 쓰기 2** 역사 공부 방법

예문 1

    태형이는 역사를 좋아한다. 그래서 언제 무슨 일이 일어났는지, 누가 그 일을 했는지 같은 역사 사실을 달달달 외운다. 태형이는 역사를 잘 알기 위해서는 옛날에 있었던 일을 정확하게 알아야 한다고 생각한다.

    이렇게 역사 공부를 하는 태형이에게 친구나 선생님이 3·1 만세 운동이 언제 일어났냐고 물으면, 태형이는 "1919년 3월 1일이요."라고 바로 대답한다. 3·1 만세 운동에 참여한 민족 지도자 33인이 누구냐고 물으면, 이름과 직업과 신분까지 줄줄이 대답한다. 아무리 어려운 것을 물어도 그 사건이 일어난 연대나 날짜를 잘 알고 있다.

    그런데 3·1 만세 운동 때문에 어떤 변화가 일어났고, 역사에서 어떤 의미가 있느냐고 물으면, 태형이는 대답을 하지 못한다. 태형이가 생각한 역사는 옛날 일이니까 그 사건에 남긴 의미보다 언제 일어났는지가 중요하다.

예문 2

    지민이는 역사를 좋아한다. 지민이는 역사 속에서 사건이 일어난 배경이나 그 사건이 다른 사건에게 어떤 영향을 주었는지 또, 그 사건이 왜 중요한지 같은 것에 관심이 많다.

    지민이는 친구나 선생님이 "3·1 만세 운동은 역사에서 어떤 의미가 있을까?" 하고 물으면, 3·1 만세 운동이 일어나기 전까지 독립운동은 특정 계층만 할 수 있는 것이라고 여겼는데 3·1 만세 운동이 일어나고 나서는 일반 백성들도 독립운동을 할 수 있다는 생각을 하게 되어 많은 사람들이 독립운동에 참여할 수 있게 되었다고 술술 대답한다. 지민이는 선생님도 해석하기 어려운 역사에 대해서 자기 생각을 담아 잘 설명할 수 있다.

    그런데 3·1 만세 운동이 언제 일어났냐고 물으면 대답을 하지 못한다. 또 민족 대표 33인이 누구냐고 물으면 대답을 하지 못한다. 지민이가 생각한 역사는 일어난 시점보다 그 사건에 담긴 의미가 중요하다.

## 💡 논술하기

>> 예 문 1 과 예 문 2 에 있는 역사에 대한 태형이와 지민이 생각을 서로 빗대어 보고, 누구 생각이 더 좋은지 하나를 선택한 다음 역사 공부를 더 잘하기 위해서 보완해야 할 점은 무엇인지 논술하시오.

## 💡 논술 길잡이

1. 두 사람이 가진 공통점과 차이점

| | 공통점 | 차이점 |
|---|---|---|
| 예문 1 | | |
| 예문 2 | | |

2. 태형이가 가진 장단점을 쓰세요.

　• 장점:

　• 단점:

3. 지민이가 가진 장단점을 쓰세요.

　• 장점:

　• 단점:

4. 올바른 역사 공부 방법이 무엇인지 쓰세요.

## 논술문 쓰기 3 갈등을 극복하는 방법

숲 속에 여우와 두루미가 살았습니다. 이웃에 살던 여우와 두루미는 친구가 되었습니다.

어느 날 여우가 두루미를 자기 집으로 초대했습니다. 그런데 여우는 납작한 접시에 스프를 담아서 두루미에게 먹으라고 내어놓았습니다. 여우는 그 접시에 담긴 국물을 맛있게 핥아 먹었습니다. 그러나 두루미는 부리가 길고 뾰족해서 접시에 담긴 스프를 먹을 수가 없었습니다. 그러자 여우는 "왜 식사를 하지 않느냐"고 하면서 두루미 앞에 놓인 스프마저 훌쩍 먹어버렸습니다. 쫄쫄 굶은 두루미는 그냥 나올 수밖에 없었습니다.

며칠 후 두루미는 여우를 찾아갔습니다. "우리 집에 놀러 와. 내가 맛있는 것을 대접할게."

그리고 여우를 자기 집에 초대했습니다. 두루미는 목이 좁고 긴 병에다 맛있는 생선을 넣어서 여우에게 주었습니다. 두루미는 긴 주둥이를 병 속에 넣고는 그 속에 든 생선을 맛있게 먹었습니다.

여우는 아무리 애를 써도 병 속 생선을 꺼낼 수가 없었습니다. 두루미는 여우 앞에 놓인 병 속 생선도 모두 먹어버리고 말았습니다. 여우는 후회하며 집에 돌아왔습니다.

−이솝우화, 〈여우와 두루미〉−

임진왜란 때 이야기입니다. 명나라 장군인 진린(陣璘)이 구원병을 이끌고 우리나라에 왔는데 진린과 명나라 수군들 횡포가 이만저만이 아니었습니다. 진린은 이순신 장군에게 거만한 행동으로 일관하였고 병사들도 우리 수군을 못살게 굴었습니다. 우리 수군과 명나라 수군이 공동으로 왜군과 전투를 벌였는데 우리 수군은 전선 6척을 깨뜨리는 큰 전과를 올렸으나 명나라 수군은 별다른 전과를 거두지 못했습니다. 명나라 장군 진린은 이를 알고 크게 화를 내며 명나라 수군을 꾸짖었습니다. 명나라 조정에서 이를 알면 책임 추궁을 당할 것이 뻔했기 때문이었습니다. 이때 이순신 장군은 전과를 명나라 수군에게 돌렸습니다.

"장군께서 조선을 도와 싸우고 있으니 이는 곧 장군이 거둔 승리가 아니겠습니까? 전과를 모두 장군 것으로 하겠사오니 명나라 조정에 보고하십시오."

책임 추궁을 면하고 상을 받게 된 진린은 크게 감복했습니다. 이때부터 진린은 모든 일을 이순신 장군과 의논하여 처리했고 죄를 다스리는 일을 넘김으로써 백성들에게 횡포를 부리는 일이 없도록 했습니다. 그리고 다음 전투부터 명나라 수군도 용감히 싸우게 되었습니다.

이순신 장군은 관용과 배려를 함으로써 백성들을 보호했을 뿐 아니라 명나라 군사들로 하여금 용감히 싸우게 해 왜군을 무찌르는 데 도움을 받았습니다.

💡 논술하기

≫ 예문 1 과 예문 2 를 서로 비교·대조해 보고 서로 다른 생각을 가진 사람이 갈등을 극복하여 원만한 관계를 맺기 위해서는 어떤 노력을 해야 하는지 논술하시오.

💡 논술 길잡이

1. 예문 1 과 예문 2 에 대한 비교와 대조

|  | 비교 | 대조 |
|---|---|---|
| 예문 1 |  |  |
| 예문 2 |  |  |

2. 예문 1 에서 갈등이 생긴 이유는 무엇이며, 이를 바로 잡으려면 어떻게 해야 할지 쓰세요.

3. 예문 2 를 보고 문제 해결을 위해 택했던 방법은 무엇인지 쓰세요.

4. 서로 다른 생각을 가진 사람들과 원만한 관계를 유지하기 위한 바람직한 방법을 쓰세요.

　(1)

　(2)

　(3)

## 논술 본 단계

올바른 세계화 방법

세계화란, 국제 사회에서 여러 나라에 대한 의존성이 늘어남에 따라 세계가 단일한 사회 체제로 나아가고 있음을 말한다. 즉, 전 세계가 하나로 연결되고, 그 속에서 서로에 대한 의존성이 더욱 늘어남을 뜻한다. 현대 사회에서 사람들이 활동하는 모든 분야는 국가 단위를 넘어서 전 세계적으로 확대된다. 이러한 세계화를 가능하게 만든 가장 중요한 기반 중 하나는 정보화이다. 우리는 이미 세계화 시대에 살고 있는 것이다.

또 세계화는 국가나 여러 공동체들이 다양한 통로를 통해 연결되면서, 이들 간의 상호 작용 및 상호 의존성이 많아짐을 뜻한다. 우리 몸은 공간에 의해 제약을 받고 있지만, 우리가 맺는 사회적 관계는 이러한 제약에서 벗어날 수 있다. 인터넷이 등장하면서 시간과 공간이 지니는 한계를 넘어 세계화를 더욱 확대시키고 있다. 이제 우리는 인터넷을 통해 세계 여러 나라 사람들과 친분을 유지할 수도 있으며, 더 나아가 가상 공간에서 하나라는 공동체 의식을 지닌 세계 시민으로서 살아가는 것이 가능하게 되었다.

세계화 현상은 경제 분야에서 가장 두드러지게 나타났다. 경제 분야에서 세계화는 상품과 자본 및 노동력이 자유롭게 이동함에 따라 국민 국가라는 전통적인 장벽을 무너뜨리면서 진행되었다. 세계화는 경제뿐만 아니라 정치·사회·문화 분야에서도 진행되고 있으며, 이는 이미 역전시키거나 정지시킬 수 없는 역사적 흐름이 되어 버렸다.

세계화는 여러 나라들 사이에 자유로운 경제 활동을 가능케 한다. 그러나 경쟁력을 지니지 못한 개발도상국인 경우, 여러 가지 어려움이 나타날 수 있다. 특히 국내 자본 형성이 충분하지 못한 나라에서는 국제적 투기 자본에 의한 피해가 나타날 수 있다. 경제적 이익만을 노리고 한꺼번에 몰려온 국제 자본이 경기가 안 좋을 때 일시에 빠져 나간다면, 그 나라는 경제 기반이 무너지고 심각한 실업 사태에 빠질 수 있기 때문이다.

'지구촌적 삶'이 세계로 확산되어 각 민족의 문화적 독창성을 약화시킬 염려도 있다. 또 정보 사회에서 사람들은 지나친 정보로 자신이 주인이 되지 못하고 오히려 정보에 의해 좌우되며 정체성을 잃는 경향이 있다. 그뿐만 아니라 익명성이 보장되는 사이버 세계에서 사람들은 종종 법과 규범에 어긋난 행동을 하기도 하고 정보가 가지는 중요성에 따라 빈부 격차가 크게 벌어질 수 있다.

## 💡 논술하기

>> 예문 1 과 예문 2 를 비교·대조해 보고 올바른 세계화를 이루기 위해서는 어떻게 해야 하는지 논술하시오.

## 💡 논술 길잡이

1. 예문 1 과 예문 2 에 대한 비교와 대조

|  | 비교 | 대조 |
|---|---|---|
| 예문 1 |  |  |
| 예문 2 |  |  |

2. '세계화'란 무엇인지 의미를 쓰세요.

3. '세계화'가 각 국가에 다르게 적용되는 이유는 무엇인지 쓰세요.

4. 세계화 시대에 필요한 자세는 무엇이라고 생각하는지 쓰세요.

## 논술문 쓰기 5 위험한 직업에 종사하는 사람들

소방청이 발표한 국가화재통계에 따르면 2019년 발생한 화재는 4만 102건이며, 이에 따른 재산 피해액은 8,572억 원에 이르렀다. 그러나 소방관들의 노력과 수고가 없었다면 피해액은 훨씬 늘었을 것이다. 소방청이 추산한 2019년 화재 피해 경감액은 피해액의 약 20배인 15조 8,000억 원에 달했다.

하지만 2019년 화재 진압이나 구조, 구급 등 임무를 수행하다 목숨을 잃은 소방관은 14명이라고 한다. 소방관들 덕분에 많은 국민이 생명과 재산을 지켰지만 순직 소방관 가족에게는 큰 아픔과 고통이 남아 있다. 가족들은 휴대폰 벨소리에도 두려움을 느끼는 등 외상 후 스트레스 증후군을 심각하게 겪고 있다고 한다. 가족뿐만이 아니라 소중한 선후배를 잃은 동료들 역시 가슴속 상처는 아물지 않고 있다고 한다.

2020년 소방관들이 지방직공무원에서 국가직공무원으로 전환되었다. 소방관 순직 사고가 일어날 때마다 소방관들이 처해 있는 열악한 환경을 개선하겠다고 했지만 바뀌는 것은 별로 없었다는 반복된 목소리가 이번 일을 계기로 들리지 않았으면 한다.

종군기자는 전쟁에 종군하여 전쟁 상황이나 군대 상황을 보도하는 신문기자, 사진기자 등을 말한다. 〈런던 타임스〉 기자 W.H. 러셀은 크림 전쟁에 종군하여 전쟁으로 인한 참상을 보도한 세계 최초 종군기자였다. 나이팅게일이 이 보도를 보고 전쟁터로 갔으며, 적십자가 세워진 이유 중 하나가 되었다.

스페인 내전에 직접 참여한 경험을 바탕으로 《누구를 위하여 종은 울리나》, 《무기여 잘 있거라》와 같은 전쟁 소설을 쓴 헤밍웨이도 1919년 그리스와 터키 전쟁을 취재했던 종군기자였다. 제2차 세계 대전 전후 영국 수상이었던 처칠도 종군기자였으며, 북한에 송환된 비전향장기수 이인모도 6·25 전쟁 때 파견된 인민군 종군기자였다. 6·25 전쟁 때는 여러 나라에서 온 많은 기자들이 종군하다가 17명이 목숨을 잃었다. 또 2001년 아프가니스탄 전쟁에서는 7명, 2003년 이라크 전쟁에서는 14명이 목숨을 잃었다.

## 💡 논술하기

≫ 예문 1과 예문 2를 비교·분석해서 목숨을 걸어야만 본분에 충실할 수 있는 직업에 종사하는 사람들을 어떻게 대해야 하는지 논술하시오.

## 💡 논술 길잡이

1. 예문 1과 예문 2에 대한 비교와 분석

|  | 비교 | 분석 |
|---|---|---|
| 예문 1 |  |  |
| 예문 2 |  |  |

2. 위험한 직업에 종사하는 사람들로 인해 다른 사람들이 얻을 수 있는 혜택은 무엇이라고 생각하는지 쓰세요.

(1)

(2)

(3)

### 논술문 쓰기 6  친일 청산 문제

 **예문 1**

"일본이 그렇게 쉽게 항복할 줄은 몰랐다. 망해도 한 백 년은 갈 줄 알았다. 국민 총동원법의 강제에 따라 어쩔 수 없이 징용에 끌려가지 않기 위해 친일 문학을 썼다. 살기 위해 어쩔 수 없었다."

미당 서정주 시인은 이렇게 자신이 한 친일 행위를 변명했다.

미당 서정주 시인은 현대시인협회 회장, 한국문인협회 회장을 지내며 오랫동안 대한민국에서 최고 문인으로 영예를 누렸다. 그러나 그는 자신이 한 친일 행위를 반성하지 않았다. 그는 작품 안에서까지 자신을 친일파라 부르는 데에는 이의가 있다며 자신이 한 일은 일본에 붙으려고 한 것이 아니라 싼 월급을 받은 것밖에 없다고 주장했다. 그는 하늘이 이 겨레에게 주는 팔자라며 자기는 하늘을 따랐다는 '종천순일파(從天順日派)'라 이름 붙였다. 더욱이 창씨개명까지 할 수 밖에 없었던 동포들 또한 자신과 비슷할 것이라고까지 했다.

 **예문 2**

"저는 민족 반역자입니다. 저는 일제 강점기 때 우리 한글을 사용하지 말라고 아이들한테 가르쳤고, 일본을 위한 전쟁에 나가라고 독려하는 말을 했습니다. 제가 그러고도 이제까지 교단에 설 수 있었던 것은 분명 잘못된 일이었습니다. 해방 직후 반민족 처벌이 있었다면 저는 분명 벌을 받아 마땅한 사람이었습니다. 비록 저는 이런 부끄러운 삶을 살았지만 여러분은 자랑스러운 교사로서 살아가시기를 바랍니다."

2002년 2월 오마이뉴스는 정년퇴임식장에서 이런 연설을 한 김남식 할아버지 소식을 전했다. 일제 강점기 때부터 정년퇴임하던 1986년까지 평교사로 지낸 김남식 할아버지는 1960년경부터 집게와 양동이를 들고 학교와 집 근처 동네를 청소하기 시작하셨다고 한다. 스스로 친일한 죄 값을 치르는 것이라 하셨다. 1941년 조선어 말살 정책으로 일제가 학교에서 한글 사용을 금지시키고 우리말로 얘기를 주고받는 아이들을 감시하고 혼냈는데, 이때 일본어로 말하지 않고 외국어인 조선어를 쓰냐며 아이들을 혼내는 일을 자신이 했다고 하셨다. 할아버지는 이것은 민족 반역죄이며, 이것에 대해서는 변명할 여지가 없다고 하셨다고 보도했다.

할아버지는 일제가 국민을 전쟁에 몰아넣기 위해 소학교를 국민학교로 이름까지 바꾼 역사를 다시 돌리기 위해 초등학교로 이름 바꾸는 일에 여러 사람들과 국회에 청원하기도 하셨다 한다.

"기운이 다 할 때까지 이 일을 할 것이다."라며 김남식 할아버지는 퇴임 뒤에도 여전히 동네 쓰레기를 줍고 있다고 전했다.

## 논술하기

&gt;&gt; 예문 1과 예문 2를 비교·대조하여 자기 생각을 밝히고 친일 청산은 어떤 방법으로 해야 할지 논술하시오.

## 논술 길잡이

1. 예문 1과 예문 2에 대한 비교와 대조

| | 비교 | 대조 |
|---|---|---|
| 예문 1 | | |
| 예문 2 | | |

2. 친일 행위 반성과 친일 청산에 대한 자기 생각은 무엇인지 쓰세요.

3. 친일 청산 문제에서 보완해야 할 점은 무엇인지 쓰세요.

4. 바람직한 친일 청산은 어떤 방법으로 해야 할지 쓰세요.

## 논술문 쓰기 7 다문화 가정 아이들을 대하는 태도

예문 1

통계청이 발표한 결혼 통계에 따르면 2019년 결혼한 열 쌍 가운데 한 쌍은 국제결혼을 한 것으로 나타났다. 최근 20년 간 결혼 통계에서도 해마다 조금씩 차이는 있지만 전체 결혼의 10%가량을 차지하고 있다.

국제결혼은 한국인 여성과 외국인 남성이 결혼하는 사례보다 한국인 남성과 외국인 여성이 결혼하는 사례가 3배가량 많다. 2019년을 기준으로 하면 한국인 여성과 외국인 남성의 결혼은 5,956건이며, 한국인 남성과 외국인 여성의 결혼은 17,687건이다.

이처럼 국제결혼이 부쩍 늘면서 다문화 가정도 늘어나고 있다. 다문화 가정은 서로 다른 국적 또는 문화의 사람이 만나 이룬 가정을 말한다. 2019년 현재 다문화 가정 자녀는 약 24만 명으로 추산하고 있으며, 이 가운데 약 14만 명이 학교에 다니고 있다.

예문 2

지미의 얼굴은 때가 낀 것처럼 유난히 까무잡잡했다. 머리카락은 숱이 많고 뻣뻣했으며 큰 눈은 움푹 들어가기까지 했다. 지미의 얼굴은 다른 아이들과 사뭇 달랐다.

"너 우리나라 애 맞니?" 사람들이 이런 말을 할 때마다 지미는 못들은 척했다. 대꾸가 없으면 사람들은 되묻곤 했다. "너 진짜 우리나라 애 맞니?"

사람들은 이미 알고 있으면서도 괜히 확인하려 들었다. 별로 재미있는 일이 아닌 데도 일부러 물어보다가 자기네끼리 실실 웃어댔다.

"저어 상여골 외딴 집이 우리 집인데요."

지미는 얼굴을 붉히면서 애써 이 땅에서 태어난 것을 알리려고 산허리에 걸린 외할머니 집을 가리켰다. 그럴 때면 사람들은 다시 깔깔대면서 한 마디씩 했다.

"순자가 맡겨 놓고 갔다더라. 그, 외국인 노동자라는 사람들 있잖아. 쟤 아빠도 그렇다카더라."

-〈외로운 지미〉중에서, 김일광, 현암사-

## 💡 논술하기

≫ 예문 1과 예문 2를 참고하여 우리나라 사람들이 다문화 가정 아이들을 대하는 태도에서 문제점을 찾아 해결 방법을 논술하시오.

**주제: 다문화 가정 아이들을 대하는 태도**

• 주제문(이 글을 통해 추구하는 결과): ......................................................................

| | |
|---|---|
| **문제 제기(상황 제시)**<br>−내포(본질)와 외연(현상) | |
| **원인 분석**<br>−사회(외부)적 원인<br>−개인(내부)적 원인 | 1.<br>2.<br>3. |
| **대안 제시**<br>−사회(외부)적 대안<br>−개인(내부)적 대안 | 1.<br>2.<br>3. |
| **반대**<br>−대안에 대한 반발이나<br>부작용 | 1.<br>2.<br>3. |
| **극복**<br>−그 반발도 극복하면서<br>문제를 해소할 방법 | 1.<br>2.<br>3. |
| **최종 결론**<br>−전체 정리와 마무리 | |

## 논술문 쓰기 8 재난을 대비하는 방법

 1

일본에는 '재해 방지의 날'이 있다. 언제 일어날지 모르는 지진을 포함한 재난에 대비하기 위한 훈련을 한다. 이 날이 바로 일본 역사상 가장 큰 피해를 기록한 관동 대지진이 일어났던 9월 1일이다.

관동 대지진은 대륙이 이동해서 발생된 지진이다. 지구 표면은 지표로부터 100km 내지 200km에 있는 12개 정도로 구성된 단단한 암반층 판 위에 있다고 한다. 이 판들이 움직이면서 판 경계에 있는 지층들이 부딪쳐 쓰나미를 동반한 지진이 발생한다.

1995년 고베 대지진으로 6천 4백여 명에 달하는 사상자와 쓰나미를 동반한 2011년 도호쿠 대지진으로 2만 4천 5백 명의 사망자와 실종자를 낸 일본, 2004년 쓰나미(해일)를 동반한 대지진으로 23만 2천여 명의 사상자를 낸 인도네시아는 판 경계에 위치하고 있어 지진이 자주 발생하는 나라들이다.

관측사상 규모가 가장 강력했던 지진은 1960년 칠레에서 발생한 진도 9.5로 사망자가 약 5,700명 발생했는데, 규모에 비하여 사망자가 많지는 않았지만 쓰나미가 태평양을 건너 필리핀까지 도달했다고 한다.

 2

우리나라에는 '민방위의 날'이 있다. 전국적으로 민방위 훈련을 하는 날로, 1975년 6월 27일에 제정되어 매월 15일에 실시한다. 북한과 대치하고 있는 상황에, 전쟁이 일어났다고 생각하고 가상훈련을 하는 것이다. 각종 재난 재해에 대비한 훈련도 함께 한다.

일본과 멀지 않은 우리나라도 움직이는 판 위에 있어 지진 안전지대는 아니다. 기상청에 따르면 한반도에서 일어난 지진은 2018년 115건, 2019년 88건에 달한다. 다행히 진도 5를 크게 넘지 않아 가구가 흔들리고 걸려 있는 물체가 떨어지는 정도지만, 재난 대비에 소홀해서는 안 된다.

**역대 국내 지진 규모 10순위**

|  | 규모 | 날짜 | 지역 |
|---|---|---|---|
| 1 | 5.8 | 2016. 9. 12. | 경북 경주시 남서쪽 |
| 2 | 5.3<br>(비공식) | 1980. 1. 8. | 평안북도 의주 귀성 |
| 3 | 5.2 | 2004. 5. 29. | 경북 울진 해역 |
|  |  | 1978. 9. 16. | 충북 속리산 부근 |
| 5 | 5.1 | 2016. 9. 12. | 경북 경주시 남서쪽 |
|  |  | 2014. 4. 1. | 충남 태안 해역 |
| 7 | 5.0 | 2016. 7. 5. | 울산 동구 동쪽 해역 |
|  |  | 2003. 3. 30. | 인천 백령도 해역 |
|  |  | 1978. 10. 7. | 충남 홍성읍 |
| 10 | 4.9 | 2013. 5. 18. | 인천 백령도 해역 |
|  |  | 2013. 4. 21. | 전남 신안군 해역 |
|  |  | 2003. 3. 23. | 전남 홍도 해역 |
|  |  | 1994. 7. 26. | 전남 홍도 해역 |

## 💡 논술하기

>> 《조선왕조실록》에도 지진에 대한 기록이 많이 있고, 판 경계가 우리나라로 서서히 오고 있어 이제 우리나라도 지진이 많이 발생할 것이라고 합니다. 예문 ① 에서 일본은 관동 대지진 당시 피해가 컸지만, 그 후 지진에 대한 꾸준한 대비로 잦은 지진에도 불구하고 피해가 크지 않습니다. 예문 ② 에서 제시한 지진 자료들을 보고 지진에 어떻게 대비해야 하는지에 대해 논술하시오.

### 주제: 재난을 대비하는 방법

• 주제문(이 글을 통해 추구하는 결과): ....................................................

| | |
|---|---|
| **문제 제기(상황 제시)**<br>−내포(본질)와 외연(현상) | |
| **원인 분석**<br>−사회(외부)적 원인<br>−개인(내부)적 원인 | 1.<br><br>2.<br><br>3. |
| **대안 제시**<br>−사회(외부)적 대안<br>−개인(내부)적 대안 | 1.<br><br>2.<br><br>3. |
| **반대**<br>−대안에 대한 반발이나<br>부작용 | 1.<br><br>2.<br><br>3. |
| **극복**<br>−그 반발도 극복하면서<br>문제를 해소할 방법 | 1.<br><br>2.<br><br>3. |
| **최종 결론**<br>−전체 정리와 마무리 | |

## 논술 본 단계

**논술문 쓰기 9** **교육 정책 문제**

예문

　백성을 다스리는 일은 가르치는 일 뿐이다. 백성마다 소득을 고르게 하는 것은 장차 백성을 가르치기 위해서 하는 것이고, 백성이 부역을 고르게 하도록 하는 것은 장차 백성을 가르치기 위해 하는 것이다. 관청을 만들고 수령을 두는 것은 장차 백성을 가르치기 위해 하는 것이고, 벌을 분명히 하고 법을 제정하는 것은 장차 백성을 가르치기 위해 하는 일이다.

　모든 정사가 닦이지 않아 교육을 일으킬 겨를이 없었으니 이것이 백 세 동안 좋은 정치가 이루어지지 않은 까닭이다. 가르치지 않고서 벌을 주는 것은 망민(罔民, 백성을 속이는 것)이라고 하니 비록 가장 나쁜 불효자라 해도 우선 그를 가르쳐야 한다. 그래도 고치지 않으면 죽여도 된다.

　중국 후위라는 나라에 방경백이 청하태수로 있을 때 일이다. 백성 중 한 어머니가 자식이 불효했다며 일렀다. 그러자 방경백 어머니인 최씨가,

　"산골 백성이 예의를 알지 못해 그런 것이니 어찌 심하게 꾸짖을 수 있겠는가?"

라고 말하고, 그 어머니를 불러 함께 상에 마주 앉아 음식을 들었다. 그 아들에게는 대청 아래에서 서 있게 하면서 방경백이 함께 음식을 먹으며 시중드는 것을 보게 했다. 어머니와 아들이 열흘이 안 되어서 잘못을 뉘우치고 돌려보낼 것을 청하니 최씨가 말했다.

　"이들은 겉으로 부끄러워하는 것 같으나 속으로는 그렇지 않다."

　20여 일을 더 있게 하니 아들은 머리를 땅에 찧어 피를 흘리고 울면서 돌려보내주기를 빌었다. 그래서 돌려보냈더니 아들은 어머니를 극진히 모셔 효자로 소문이 나게 되었다.

-《목민심서》 중에서, 정약용-

## 논술하기

>> 예문을 참고하여 우리나라 교육 정책에서 문제점을 찾아 그 해결 방법을 논술하시오.

### 주제: 교육 정책 문제

• 주제문(이 글을 통해 추구하는 결과): _____

| | |
|---|---|
| **문제 제기(상황 제시)**<br>−내포(본질)와 외연(현상) | |
| **원인 분석**<br>−사회(외부)적 원인<br>−개인(내부)적 원인 | 1.<br>2.<br>3. |
| **대안 제시**<br>−사회(외부)적 대안<br>−개인(내부)적 대안 | 1.<br>2.<br>3. |
| **반대**<br>−대안에 대한 반발이나<br>부작용 | 1.<br>2.<br>3. |
| **극복**<br>−그 반발도 극복하면서<br>문제를 해소할 방법 | 1.<br>2.<br>3. |
| **최종 결론**<br>−전체 정리와 마무리 | |

 논술문 쓰기 10 고려인 문제

 예문 1

　연해주에 있던 한국인들은 1920년 신한촌 대학살 참변과 우스리스크 대학살 참변 등 일제로부터 당한 잔인한 탄압과 1937년 스탈린이 지시한 강제 이주로 중앙아시아에서 고난을 겪어야 했다. 그러나 어려움을 극복하고 안정을 찾은 것도 잠시 1991년 소련이 해체하면서 신생 독립 국가가 탄생하자 한국인 동포들은 다시 유랑민이 되어 중앙아시아와 연해주를 포함한 러시아 전역에 55만여 명 이상이 광범위하게 퍼져서 나름대로 정착 노력을 할 수 밖에 없는 상황이 되었다. 카레이스키로 불리는 한국인 동포들은 다른 소수 민족과는 달리 모국으로 귀국할 수 있는 지원 프로그램도 없고, 반겨주는 나라가 없기에 생존을 위해 유랑하거나 현지에서 정착하기 위해 오늘도 피와 땀을 쏟고 있다.

　연해주 고려인협회는 한인들 정착을 위해 군사 시설 해제 지역 5곳(1천 1백 40만 평)을 무상으로 할양받아 이들을 수용하려 하지만, 재원이 모자라 애를 태우고 있다고 한다. 학교, 전기 및 상·하수도 시설 등이 갖춰져 있으나 너무 낡아 당장 입주가 불가능하기 때문이다. 오랜 시간 동안 다른 나라 땅에서 버림받은 것도 한스러운 일인데, 돌아와 누울 거처조차 없다니 더욱 한스러운 일이 아닐 수 없다.

 예문 2

　최근 한 이동통신회사가 사회 공헌 활동으로 다문화 가정 지원 사업을 하기로 했다고 발표했다. 그 회사는 사회복지공동모금회와 함께 전국 5개 기관을 선정하여 '다문화 가정 한국 사회 적응 프로그램'을 1년 동안 지원하기로 했는데, 다문화 가정 지원 사업은 해외 이주 노동자, 외국인 배우자와 그 가족들을 대상으로 한국 사회 적응 및 언어 교육, 심리 상담 및 치료, 다문화 가정 자녀 교육 등을 수행하는 사업이다.

　이번에 선정된 기관은 안산외국인노동자센터, 종로종합사회복지관, 대전외국인이주노동자센터, 무안외국인주부가족지원센터, 부산여성회이주여성인권센터 등으로 각 지역 대표 기관들이다. 그 회사 사장은 안산외국인노동자센터에서 열린 다문화 가정 지원 사업 전달식에서 "지난해 결혼한 우리나라 부부 여덟 쌍 중 한 쌍이 국제결혼을 하는 본격적인 다문화 가정 시대를 맞아 이번 사업을 지원하게 됐다."며, "이 사업이 결실을 맺어 다문화 가정이 한국사회 구성원으로 자리매김하는 데 도움이 될 수 있기를 바란다."고 말했다.

## 💡 논술하기

>> 예문 **1** 에 나타난 문제를 예문 **2** 를 참고하여 해결 방법을 논술하시오.

| 주제: 고려인 문제 | | | |
|---|---|---|---|

• 주제문(이 글을 통해 추구하는 결과): _____

| **문제 제기(상황 제시)**<br>−내포(본질)와 외연(현상) | | | |
|---|---|---|---|
| **원인 분석**<br>−사회(외부)적 원인<br>−개인(내부)적 원인 | 1. | | |
| | 2. | | |
| | 3. | | |
| **대안 제시**<br>−사회(외부)적 대안<br>−개인(내부)적 대안 | 1. | | |
| | 2. | | |
| | 3. | | |
| **반대**<br>−대안에 대한 반발이나<br>부작용 | 1. | | |
| | 2. | | |
| | 3. | | |
| **극복**<br>−그 반발도 극복하면서<br>문제를 해소할 방법 | 1. | | |
| | 2. | | |
| | 3. | | |
| **최종 결론**<br>−전체 정리와 마무리 | | | |

## 논술문 쓰기 11 의로운 일을 한 사람에 대한 보상 문제

예문 1

2003년 7월 25일, 서울 영등포구 영등포역에서 열차 철도원 김행균씨가 어린이를 구하기 위해 선로에 뛰어들었다. 김행균씨는 아이를 구한 뒤 자신은 달려오는 열차를 피하지 못해 왼쪽 발목을 잃었다. 사고 뒤, 몇 개월 동안이나 회복을 믿었던 김행균씨 아내는 다리를 절단해야 한다는 의사 말에 끝내 눈물을 흘렸다.

구해준 어린이 부모는 나타나지 않았다. "찾아오고 싶지만 못 오고 있을 거예요."라며, 부부는 이들을 용서했다. 김행균씨에게 훈장이 수여되고, 사회에서 '아름다운 철도원'이라 부르지만 정작 도움이 필요할 때는 조용하기만 하다. 아내는 "평생 잘린 다리를 보고 살아야 하는 남편이 얼마나 고통스럽겠어요?"라며 남편에 대한 안쓰러움으로 또 한번 눈시울을 붉혔다. 김씨는 복직을 위해 오랜 기간 동안 재활치료를 했다. 재활치료를 하면서 김씨는 많은 통증과 어려움을 이겨내야만 했다.

예문 2

2007년 9월 22일자, 〈부산일보〉는 부산지하철 서면역에서 선로에 떨어진 장애인을 구하기 위해 지하철 선로로 뛰어든 박상현씨 얘기를 전했다. 역 안에 있던 승객들은 아무도 손을 쓰지 못하는 상황에서 박씨는 선로에 쓰러져 있는 장애인을 승강장 위로 끌어올려 무사히 구조하고 응급조치까지 했다. 그런데 그사이 바닥에 두었던 박상현씨 가방이 없어졌다고 한다. 가방 안에는 지갑과 휴대전화, 노트북, 전자사전 등이 들어있었다.

현장 CCTV에 촬영된 장면을 확인하니 검정색 양복을 입은 어느 중년 남성이 그 가방을 가지고 사라졌다고 한다. 이 남자는 구조 때문에 역이 어수선한 틈을 타 박씨 가방을 열어 본 뒤 손에 들고 슬그머니 사라졌다.

참담한 심정으로 역무원들에게 차비를 빌려 집으로 돌아온 박씨는 경찰에 분실 및 도난 신고를 하는 한편 애타는 심정으로 물건을 돌려줄 것을 호소하는 글을 인터넷 게시판에 남겼다고 전했다.

박씨는 "어려운 처지에 놓인 사람을 돕는 것은 당연한 도리이지 특별히 의로운 일을 했다고는 생각하지 않는다."고 말했다. 하지만 그는 "오랜 기간 공들인 아이디어 노트를 잃어버린 충격 때문에 책이 손에 잡히지 않는다."며, "누군가가 견물생심으로 일순간에 마음이 혹해 물건을 가져간 것으로 믿고 있으며, 나에겐 소중한 물건인 만큼 지금이라도 돌려줬으면 한다."고 호소했다.

## 💡 논술하기

>> 우리 사회에는 남을 위해 의로운 일을 하는 사람이 참 많습니다. 하지만 예문 1과 예문 2처럼 의로운 일을 하다가 손해를 보는 경우도 있습니다. 이렇게 의로운 일을 하다가 다치거나 손해를 보는 사람들은 사회가 나서서 보상을 해줘야 한다는 여론이 일었습니다. 의로운 일을 하다가 손해를 입은 사람에 대한 보상은 어떻게 이루어져야 할지 논술하시오.

### 주제: 의로운 일을 한 사람에 대한 보상 문제

• 주제문(이 글을 통해 추구하는 결과):

| | |
|---|---|
| **문제 제기(상황 제시)**<br>−내포(본질)와 외연(현상) | |
| **원인 분석**<br>−사회(외부)적 원인<br>−개인(내부)적 원인 | 1.<br>2.<br>3. |
| **대안 제시**<br>−사회(외부)적 대안<br>−개인(내부)적 대안 | 1.<br>2.<br>3. |
| **반대**<br>−대안에 대한 반발이나<br>부작용 | 1.<br>2.<br>3. |
| **극복**<br>−그 반발도 극복하면서<br>문제를 해소할 방법 | 1.<br>2.<br>3. |
| **최종 결론**<br>−전체 정리와 마무리 | |

 **쓰기 12** **빨리빨리 문화**

### 예문 1

마라톤 경기는 뛰어야 하는 거리는 같지만 대회마다 조건이 똑같을 수 없다. 시작부터 끝까지 평탄한 코스가 있는가 하면, 전반에 혹은 후반에 가파른 언덕길이 있는 코스도 있다. 더위 속에 달려야 할 때도, 추위 속에 달려야 할 때도 있다. 그렇기 때문에 '신기록'이라고 하지 않고 '최고 기록'이라고 한다.

마라톤 경기는 포장된 공인 장거리 경주로를 달린다. 경주로에는 일정한 간격으로 거리를 표시하여 모든 경기자가 알 수 있도록 해야 하고, 5km마다 급수대를 설치해야 한다. 경기자는 달리는 도중에 다른 사람 도움을 받을 수 없으므로 물을 직접 집어 먹어야 한다.

마라톤 선수는 경기를 할 때 자기 체력과 잠재력에 맞추어 달리는 속도를 조절하면서 코스를 뛴다. 체력을 무시한 채 무조건 빨리 달린다고 마라톤 경기에서 우승하는 것은 아니다. 자기 체력과 기록보다 너무 욕심을 부리면 경기를 망치게 되기 때문이다.

마라톤 선수는 속도 조절을 잘해야 함은 물론, 중간에 필요한 수분을 적절히 잘 섭취해야 한다. 물을 너무 많이 마셔도, 너무 적게 마셔도 몸에 이상이 생겨 실력을 발휘할 수 없기 때문이다.

### 예문 2

우리 사회에는 '빨리빨리 문화'라는 것이 있다. 1960년대부터 산업화 과정을 겪으면서 지나친 성장 지상주의, 치열한 경쟁, 과정보다는 결과가 우선시 되는 사회 분위기 속에서 빨리빨리 문화는 급속히 확산되었다. 덕분에 우리나라는 21세기 최첨단 산업인 컴퓨터, 디지털 기술이 발달해 IT 강국으로 떠올랐고, 세계 10위권 경제 대국이 되었다. 외국 기업들은 새 제품을 출시할 때 제일 먼저 한국 시장에 선보인다고 한다. 한국 사람이 그만큼 유행 흐름을 빨리 읽고 소비한다는 뜻이다.

하지만 빨리빨리 문화에 대해 걱정하는 목소리가 높아지고 있다. 빠르고 간편하게 먹을 수 있는 패스트푸드를 선호함에 따라 비만이 점점 증가하면서 그에 따른 질병들도 증가하고, 빨리빨리 하다 보니 자기 자신만 생각하는 개인주의가 점차 늘어나고 있다. 성수대교와 삼풍백화점 붕괴로 드러난 부실 공사는 빨리빨리 문화가 갖고 있는 문제를 잘 보여 준 예라고 할 수 있다.

## 💡 논술하기

>> 예문 1 과 예문 2 를 참고하여 '빨리빨리 문화'가 갖고 있는 문제점을 찾아 예문 1 의 관점에서
예문 2 를 비판하고 그 해결 방법을 논술하시오.

### 주제: 빨리빨리 문화

• 주제문(이 글을 통해 추구하는 결과): _____

| | |
|---|---|
| **서론**<br>-마라톤 경기 방법과<br>빨리빨리 문화 소개 | |
| **빨리빨리 문화가<br>나오게 된<br>배경 및 장점** | 1.<br>2.<br>3. |
| **비판**<br>-빨리빨리 문화가<br>갖고 있는 문제점 | 1.<br>2.<br>3. |
| **해결 방안** | 1.<br>2.<br>3. |
| **최종 결론**<br>-전체 정리와 마무리 | |

## 논술문 쓰기 13 올바른 결정 방법

> 신라 시대 귀족 회의인 '화백 회의'는 안건을 만장일치로 결정했습니다. 그러면 모두가 만족하는 결정이 나올 수 있지만, 반대하는 사람이 한 명이라도 있으면 결정을 할 수가 없습니다.
>
> 현대 민주주의는 다수결 원칙을 기본으로 하고 있습니다. 많은 사람이 원하는 쪽으로 쉽게 일을 결정할 수 있습니다. 하지만 반대하는 소수 의견은 무시됩니다.

>> 앞의 내용을 참고하여 만장일치 제도와 다수결 제도를 서로 비교·대조하고 어떤 것이 더 올바른 결정 방법인지 논술하시오.

1. 만장일치 제도와 다수결 제도에 대한 비교와 대조

| | 비교 | 대조 |
|---|---|---|
| 만장일치 제도 | | |
| 다수결 제도 | | |

2. 올바른 결정 방법과 그 까닭은 무엇인지 쓰세요.

3. 올바른 결정 방법에서 보완해야 할 점은 무엇인지 쓰세요.

## 논술문 쓰기 14 일본군 위안부 문제

> 미국 의회에 이어 네덜란드 하원, 캐나다 연방하원, 유럽연합(EU) 의회도 일본군 '위안부' 결의안을 채택했습니다. 결의안은 일본 정부가 강제로 젊은 여성들을 성 노예로 만든 사실을 인정하고, 일본군 '위안부'에게 잘못을 사과하며, 적절한 보상을 해서 책임을 져야 한다는 것을 말합니다. 구체적으로는 일본 총리가 공개적으로 잘못을 사과해야 하며, 일본인들에게 이런 범죄를 저질렀다는 사실을 교육시키라고 요구했습니다. 그동안 일본 아베 총리는 일본군 '위안부'는 강제가 아니라 자발적으로 참여했다고 공공연하게 말해 왔고, 일본 역사 교과서에는 '위안부'가 있었다는 것조차 실려 있지 않기 때문입니다.
>
> 그런데 이렇게 다른 나라가 일본 정부가 일본군 '위안부'에게 사죄해야 한다고 지적하는데 우리나라 할머니들이 겪으신 일에 대해 적극적으로 관심을 보여야 할 우리 정부와 우리 국민은 오히려 관심을 보이지 않고 있습니다.

≫ 우리 정부가 이렇듯 소극적인 태도를 보이는 까닭은 무엇이며, 정부가 일본군 '위안부' 피해자들을 위해 앞으로 해야 할 일은 무엇이라고 생각하는지 다음 표를 참고하여 구체적인 사례를 들어 논술하시오.

| | 일본군 '위안부' 피해자들을 위해 앞으로 해야 할 일 |
|---|---|
| 시민 단체 | 1. 우리나라 역사 교과서에 일본군 '위안부'에 대한 사실을 바르게 기록하도록 요구하기 |
| | 2. 나눔의 집이나 정의기억연대 등 일본군 '위안부' 피해자를 위해 노력하는 단체에 후원하기 |
| | 3. 다음 세대를 위해 살아있는 교육 자료가 될 수 있도록 일본군 '위안부'에 대한 사료관을 설치하도록 서명운동하기 |
| 개인 (청소년) | 1. 정부에 일본군 '위안부' 문제에 관심을 가져달라고 편지쓰기 |
| | 2. 종군 위안부라고 잘못 표기된 웹사이트를 방문하여 일본군 '위안부'로 바르게 표기하도록 설명하기 |
| | 3. 일본군 '위안부'에 대해 바로 알기 |
| | 4. 수요 집회에 참석하여 '위안부' 할머니들과 대화해 보기 |

## 논술문 쓰기 15 교복 자율화 문제

>> 현재 중·고교에서는 교복을 착용하는 학교가 많습니다. 그러나 사복 입기를 원하고 있는 학생도 많아지고 있습니다. 아래표를 참고해 교복 자율화에 대한 자기 생각을 논술하시오.

| | 교복을 입으면 좋은 점 | 교복을 입으면 안 좋은 점 |
|---|---|---|
| 경제 | • 의류 구입비가 적게 든다.<br>• 옷에서 빈부 차가 크게 드러나지 않는다. | • 초기 비용이 많이 든다.<br>• 작거나 헤져도 다시 구입하기가 망설여진다. |
| 시각 | 통일성을 주며 단정해 보인다. | 개성이 없어지고, 획일화 된다. |
| 활동 | • 학생다운 자세와 행동을 할 수 있다.<br>• 학교에 대한 소속감을 가질 수 있다. | • 치마가 활동하기에 불편하다.<br>• 기온이 내려가도 몸을 따뜻하게 하기가 어렵다. |

• 주제: 교복 자율화 문제
• 주제문:

| 문제 제기(상황 제시)<br>-내포(본질)와 외연(현상) | |
|---|---|
| 원인 분석<br>-사회(외부)적 원인<br>-개인(내부)적 원인 | 1.<br><br>2. |
| 대안 제시<br>-사회(외부)적 대안<br>-개인(내부)적 대안 | 1.<br><br>2. |
| 반대<br>-대안에 대한 반발이나 부작용 | 1.<br><br>2. |
| 극복<br>-그 반발도 극복하면서<br>문제를 해소할 방법 | 1.<br><br>2. |
| 최종 결론<br>-전체 정리와 마무리 | |

신탁 통치 실시에 대한 입장

>> 미국과 소련은 갑자기 독립한 대한민국이 나라를 세울 준비가 되어 있지 않으므로 준비를 하는 동 안 자신들이 맡아서 다스리는 신탁 통치를 했습니다. 원만하게 정부가 수립되었다는 주장도 있고 나라가 남북으로 분단되었으므로 잘못되었다는 주장도 있습니다. 신탁 통치에 대한 자기 생각을 논술하시오.

• 주제: 신탁 통치 실시에 대한 입장

• 주제문:

| 문제 제기(상황 제시)<br>–내포(본질)와 외연(현상) | |
| --- | --- |
| 원인 분석<br>–사회(외부)적 원인<br>–개인(내부)적 원인 | 1.<br>2.<br>3. |
| 대안 제시<br>–사회(외부)적 대안<br>–개인(내부)적 대안 | 1.<br>2.<br>3. |
| 반대<br>–대안에 대한 반발이나<br>부작용 | 1.<br>2.<br>3. |
| 극복<br>–그 반발도 극복하면서<br>문제를 해소할 방법 | 1.<br>2.<br>3. |
| 최종 결론<br>–전체 정리와 마무리 | |

## 논술문 쓰기 17 남북한 단일팀 구성 방법

» 남북한이 올림픽 단일팀을 구성할 때 구성 자체에 의미를 두고 반반씩 선수를 참여시키자는 주장과 좋은 성적을 내기 위해서 우수한 선수 위주로 뽑자는 주장이 맞서고 있습니다. 어떤 종목에 참여하는 선수 가운데 남한이나 북한 선수가 한두 명 밖에 없다면 진정한 단일팀이 아니라고 할 수도 있습니다. 바람직한 단일팀 구성 방법은 어떤 것일지 구체적인 종목을 예로 들어 논술하시오.

- 주제: 남북한 단일팀 구성 방법
- 주제문:

| | |
|---|---|
| **문제 제기(상황 제시)**<br>–내포(본질)와 외연(현상) | |
| **원인 분석**<br>–사회(외부)적 원인<br>–개인(내부)적 원인 | 1.<br><br>2.<br><br>3. |
| **대안 제시**<br>–사회(외부)적 대안<br>–개인(내부)적 대안 | 1.<br><br>2.<br><br>3. |
| **반대**<br>–대안에 대한 반발이나<br>부작용 | 1.<br><br>2.<br><br>3. |
| **극복**<br>–그 반발도 극복하면서<br>문제를 해소할 방법 | 1.<br><br>2.<br><br>3. |
| **최종 결론**<br>–전체 정리와 마무리 | |

## 논술문 쓰기 18 지도자가 갖추어야 할 덕목

▶▶ 초대 대통령으로 이승만이 당선되면서 대한민국 정부가 세워졌습니다. 하지만 이승만 대통령에 대한 평가는 다양합니다. 초대 대통령으로서 대한민국 정부를 수립하는 데 일등 공로자라는 긍정적 평가와 미군정과 함께 남한 단독 정부 수립을 주장하여 분단 국가가 되었고 독재 정치를 했다는 부정적 평가가 있습니다. 좋은 지도자가 되기 위해서 갖추어야 할 덕목은 무엇인지 자신이 알고 있는 지도재(대통령, 수상, 왕, 정치가, 장군, 기업가 등)를 예로 들어서 논술하시오.

• 주제: 지도자가 갖추어야 할 덕목
• 주제문:

| 문제 제기(상황 제시)<br>−내포(본질)와 외연(현상) | |
|---|---|
| 원인 분석<br>−사회(외부)적 원인<br>−개인(내부)적 원인 | 1.<br>2.<br>3. |
| 대안 제시<br>−사회(외부)적 대안<br>−개인(내부)적 대안 | 1.<br>2.<br>3. |
| 반대<br>−대안에 대한 반발이나<br>부작용 | 1.<br>2.<br>3. |
| 극복<br>−그 반발도 극복하면서<br>문제를 해소할 방법 | 1.<br>2.<br>3. |
| 최종 결론<br>−전체 정리와 마무리 | |

논술문 쓰기 19 공평한 방법

학교에서 선생님이 우리 의견을 들어주지 않는 것이 있다. 선생님은 짝을 정할 때 반드시 남자와 여자가 같이 앉게 한다. 남녀가 평등하게 앉는다면서 그렇게 한다. 서로 친한 남자아이들끼리, 여자아이들끼리 앉고 싶은데 그걸 못하게 한다. 또 남자아이들이 여자아이들을 때리면 복도에 나가서 손을 들고 서 있게 하지만, 여자아이들이 남자아이들을 때리는 건 그냥 못 본 척 하는 것이다. 남자가 힘이 세다고 해서 무조건 그렇게 하는 건 불공평하다. 남자아이들 모두 불만이다. 이런 일들을 선생님 생각대로만 한다는 건 불합리하다.

>> 위 글에서 제시한 사례 또는 비슷한 사례를 찾아 제시하고 올바른 해결책을 논술하시오.

- 주제: 공평한 방법
- 주제문: _____

| 문제 제기(상황 제시)<br>-내포(본질)와 외연(현상) | |
|---|---|
| **원인 분석**<br>-사회(외부)적 원인<br>-개인(내부)적 원인 | 1. |
| | 2. |
| | 3. |
| **대안 제시**<br>-사회(외부)적 대안<br>-개인(내부)적 대안 | 1. |
| | 2. |
| | 3. |
| **반대**<br>-대안에 대한 반발이나<br>부작용 | 1. |
| | 2. |
| | 3. |
| **극복**<br>-그 반발도 극복하면서<br>문제를 해소할 방법 | 1. |
| | 2. |
| | 3. |
| **최종 결론**<br>-전체 정리와 마무리 | |

## 논술문 쓰기 20 외국어를 배우는 자세

옛날에는 세종 대왕이 만든 훈민정음이 있어도 한자를 놔두고 다른 글자를 쓰면 오랑캐라느니, 부끄럽다느니, 시대에 뒤떨어진다느니 하면서 한자를 배웠다. 일제 강점기에는 일본어를 배우지 않으면 힘든 세상이었다고 할머니가 말씀해 주셨다. 또 해방이 되니 밀려드는 미국 문화 때문에 되지도 않는 발음을 따라하면서 영어를 배웠다고 하셨다. 그런데 요즘 내 친구들은 영어뿐만 아니라 중국어까지 공부해야 한다고 바쁘다. 우리 다음 세대 아이들은 어떤 언어를 배우게 될까?

» 위 글에서 제시한 사례를 바탕으로 외국어를 배우는 올바른 자세를 제시해 논술하시오.

• 주제: 외국어를 배우는 자세
• 주제문:

| 문제 제기(상황 제시)<br>–내포(본질)와 외연(현상) | |
|---|---|
| 원인 분석<br>–사회(외부)적 원인<br>–개인(내부)적 원인 | 1.<br>2.<br>3. |
| 대안 제시<br>–사회(외부)적 대안<br>–개인(내부)적 대안 | 1.<br>2.<br>3. |
| 반대<br>–대안에 대한 반발이나<br>부작용 | 1.<br>2.<br>3. |
| 극복<br>–그 반발도 극복하면서<br>문제를 해소할 방법 | 1.<br>2.<br>3. |
| 최종 결론<br>–전체 정리와 마무리 | |

### 논술문 쓰기 21 무감독 시험에 대한 입장

>> 정당한 경쟁을 통해 올바른 승부를 내려는 목적에서 스포츠 경기에는 심판이 있습니다. 그리고 사회질서를 유지하기 위해서 경찰과 법이 있습니다. 또 시험을 볼 때는 감독관이 있습니다. 이들이 없다면 질서가 깨지고 혼란에 빠질 수 있습니다. 하지만 5·18 민주화 운동 기간 동안 광주에는 경찰이 없었어도 아무런 문제가 생기지 않았습니다. 시험 볼 때도 감독관이 없는 학교가 있습니다. 무감독 시험에 대한 찬반 의견을 논술하시오.

- 주제: 무감독 시험에 대한 입장
- 주제문:

| 문제 제기(상황 제시)<br>−내포(본질)와 외연(현상) | |
|---|---|
| 원인 분석<br>−사회(외부)적 원인<br>−개인(내부)적 원인 | 1.<br>2.<br>3. |
| 대안 제시<br>−사회(외부)적 대안<br>−개인(내부)적 대안 | 1.<br>2.<br>3. |
| 반대<br>−대안에 대한 반발이나<br>부작용 | 1.<br>2.<br>3. |
| 극복<br>−그 반발도 극복하면서<br>문제를 해소할 방법 | 1.<br>2.<br>3. |
| 최종 결론<br>−전체 정리와 마무리 | |

## 논술문 쓰기 22 국토 균형 개발과 환경 문제

》》6월 민주 항쟁 이후 여러 분야에서 목소리를 내는 시민 단체가 많이 생겼습니다. 그중에서 환경 운동을 펼치는 시민 단체들은 하나뿐인 지구를 살리기 위해 많은 일들을 합니다. 이들은 정부가 내놓는 개발 계획도 환경을 해치는 일이라며 반대하고 나섭니다. 국토 균형 발전을 위해 개발을 하는 것이지만 한번 파괴되면 다시는 돌이키지 못하는 환경 재앙이 된다고 반대합니다. 정부와 환경 단체 가운데 자신이 지지하는 입장을 골라 논술하시오.

• 주제: 국토 균형 개발과 환경 파괴 문제
• 주제문:

| 문제 제기(상황 제시)<br>−내포(본질)와 외연(현상) | |
|---|---|
| **원인 분석**<br>−사회(외부)적 원인<br>−개인(내부)적 원인 | 1. |
| | 2. |
| | 3. |
| **대안 제시**<br>−사회(외부)적 대안<br>−개인(내부)적 대안 | 1. |
| | 2. |
| | 3. |
| **반대**<br>−대안에 대한 반발이나<br>부작용 | 1. |
| | 2. |
| | 3. |
| **극복**<br>−그 반발도 극복하면서<br>문제를 해소할 방법 | 1. |
| | 2. |
| | 3. |
| **최종 결론**<br>−전체 정리와 마무리 | |

## 논술문 쓰기 23 올바른 역사관

>> 중국과 일본은 역사 왜곡을 통해 자기 나라 이익을 추구하고 있습니다. 이에 대응해 우리나라도 역사를 제대로 알고 공부하자는 열기가 뜨겁습니다. 역사 드라마나 역사 소설 등은 역사를 흥미롭게 접할 수 있게 해주지만 인기를 위주로 만들다 보니 사실을 왜곡하는 경우도 많습니다. 이런 역사 드라마를 보거나 역사 소설을 읽을 때 어떤 태도를 가져야 하는지 논술하시오.

- 주제: 올바른 역사관
- 주제문:

| 문제 제기(상황 제시)<br>-내포(본질)와 외연(현상) | |
|---|---|
| 원인 분석<br>-사회(외부)적 원인<br>-개인(내부)적 원인 | 1.<br>2.<br>3. |
| 대안 제시<br>-사회(외부)적 대안<br>-개인(내부)적 대안 | 1.<br>2.<br>3. |
| 반대<br>-대안에 대한 반발이나<br>부작용 | 1.<br>2.<br>3. |
| 극복<br>-그 반발도 극복하면서<br>문제를 해소할 방법 | 1.<br>2.<br>3. |
| 최종 결론<br>-전체 정리와 마무리 | |

## 논술문 쓰기 24 한반도 평화 협력 및 남북 관계 개선

>> 2000년 1차 남북 정상 회담에서 발표한 6·15 남북 공동 선언과 2007년 2차 남북 정상 회담, 2018년 3~5차 남북 정상 회담을 통해 한반도 평화와 협력을 위한 노력을 해 왔습니다. 남북이 더 평화롭고 발전된 나라가 되기 위해서 남한과 북한 사람들이 서로 어떤 노력을 해야 할지 구체적인 사례를 들어서 논술하시오.

- 주제: 한반도 평화 협력 및 남북 관계 개선
- 주제문:

| 문제 제기(상황 제시)<br>−내포(본질)와 외연(현상) | |
|---|---|
| 원인 분석<br>−사회(외부)적 원인<br>−개인(내부)적 원인 | 1.<br><br>2.<br><br>3. |
| 대안 제시<br>−사회(외부)적 대안<br>−개인(내부)적 대안 | 1.<br><br>2.<br><br>3. |
| 반대<br>−대안에 대한 반발이나<br>부작용 | 1.<br><br>2.<br><br>3. |
| 극복<br>−그 반발도 극복하면서<br>문제를 해소할 방법 | 1.<br><br>2.<br><br>3. |
| 최종 결론<br>−전체 정리와 마무리 | |

# 학습 가이드 & 예시 답안

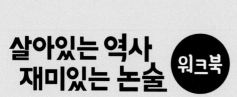

## 논술 개념 익히기

### 1 견학 기록문 쓰기

**미래 열기**

**길잡이** 견학하기 좋은 곳은 신문사, 방송국, 도서관, 관공서, 유적지, 박물관, 전시관 등입니다. 최근에 다녀온 곳이나, 기억에 남는 곳 등을 생각해 보고 씁니다. 개요표 형식에 크게 신경 쓰지 말고, 쓰기 편한 대로 바꾸어서 써도 됩니다. 꽉 채우지 않아도 되고, 모자라면 다른 종이에 써서 붙여도 됩니다. 개요표에 쓴 견학 기록문에 찍어 온 사진이나 자료를 섞어서 매끄럽게 연결해서 쓰면 견학기록문은 완성됩니다.

**예시** 제목: 전통문화가 살아 있는 인사동

| 견학한 곳 | 날짜 | 함께 간 사람 |
|---|---|---|
| 서울 종로구 인사동 | 2021년 7월 20일 | 사촌형, 사촌동생 |
| **견학 목적** | | |
| 몇 년 전 캐나다로 이민 간 삼촌네 가족이 방학을 맞아 귀국했다. 6년 만에 서울에 온 사촌들에게 한국적인 것을 보여 주고, 고국 방문 기념품을 사 주고 싶었다. 그래서 내가 인사동 구경을 가자고 했다. | | |

| 보고 들은 것 | 느끼고 생각한 것 |
|---|---|
| 전통문화 거리답게 길거리 상점에는 다양한 액세서리, 캐릭터 인형 등에서부터 사람 키만한 돌하르방에 이르기까지 여러 종류의 물건이 많았다. | 구경거리가 많아 좋았고, 외국인들이 쇼핑하는 모습도 자주 눈에 띄었다. 값도 싸고 예쁜 물건이 많았는데, 대부분 '중국산'이라 오히려 기분이 나빴다. Made in Korea면 더 좋았을 텐데, 아쉽다. |
| '쌈지길'이라는 건물에는 작은 가게들이 모여 있는데, 손으로 직접 만든 공예품만을 판다고 한다. 1층에서부터 물건들을 구경하면서 경사진 길을 오르다 보면 자연스럽게 옥상에 다다르게 되어 있다. | 계단을 오르지 않고 사선으로 기울어져 있는 길을 걸으면 옥상에 닿으니, 마치 '이상한 나라의 엘리스'가 된 것 같았다. 건물 자체가 예술품이라는 생각이 들었다. 물건들이 아름답고 고급스러워 마음이 뿌듯했는데, 가격을 보고는 너무 놀랐다. |
| 무료로 관람할 수 있는 미술관과 전시장이 많아서 늘 새로운 볼거리가 있다고 한다. 경인 미술관은 전통 한옥 건물로 들어서면 정원이 있고, 정원 둘레로 네 개의 전시실과 찻집이 있다. | 서울 한복판에 정원을 갖춘 이런 곳, 더욱이 누구나 드나들 수 있는 곳이 있다는 것이 놀랍고도 반가웠다. 찻집에서 풍겨 나오는 전통차 향까지 맡을 수 있어, 가장 한국적인 공간으로 기억에 남는다. |
| **견학한 뒤, 생각이나 의견** | |
| 서울에 사는 나도 '우리 것'에 가슴 뿌듯한 구경이었으니, 사촌들은 더 했을 것이다. 그들에게 '우리 것'을 느끼게 해 준 것 같아 무척 기뻤다. 하지만 중국산 물건들에 가려 우리 것을 찾기 힘들어 속상했다. 인사동을 순수한 '우리 것'으로 꽉 채우고 싶다. 그래야만 진짜 우리 전통문화 거리라고 할 수 있겠다. | |

## 2 설명문 쓰기

미래 열기

예시 제목: 우리나라 지도 제작 최대 업적, 〈대동여지도〉

〈대동여지도〉는 우리나라 고지도 가운데 가장 주목 받는 지도다. 지도 전체를 펼쳐 이으면 세로 6.6m, 가로 4.0m로 우리나라 지도 제작에서 최대 업적이라고 하는 〈대동여지도〉에 대해서 알아보자.

〈대동여지도〉는 이전 지도와 다르게 가지고 다니기 편리하도록 만들어 필요한 부분만 뽑아서 휴대하며 참고할 수 있도록 했다. 예를 들어 서울에서 강릉까지 여행을 할 때는 전체를 가지고 갈 필요 없이 서울에서 강릉까지 수록된 지도만 뽑아서 가지고 가면 된다. 또 10리마다 점을 찍었는데 평탄한 지역은 멀게, 산지가 있는 지역은 가깝게 표시해 길 모양을 알 수 있게 했다.

그리고 〈대동여지도〉는 산을 하나하나 봉우리로 나타내지 않고 산줄기(산맥)로 나타냈다. 산줄기를 가늘고 굵게 표현해 산의 크기와 높이를 알 수 있도록 했다. 백두산에서 이어지는 대간(大幹)은 가장 굵게, 대간에서 갈라져 나가 큰 강을 나누는 정맥(正脈)은 굵게, 정맥에서 갈라져 나가 큰 내를 이룬 줄기를 그 다음 가늘기로 표현했다. 또 〈대동여지도〉는 글씨를 줄이고 표현할 내용을 기호화했다. '지도표(地圖標)'라는 방법을 고안했는데 문수산성은 산성 표시 기호를 그리고 '문수'라고만 기록해 글자 수를 줄였다. 이것은 오늘날 지도에도 쓰이는 방법이다. 하지만 〈대동여지도〉가 가진 가장 큰 장점은 목판으로 간행한 인쇄본 지도라는 것이다. 당시 지역별로 정기적인 시장이 열렸기 때문에 장사꾼들에게는 유용하게 사용되었다. 지도 사용이 늘어나면서 상업이 발달하는 효과도 생겨났다.

이 같은 장점을 가진 〈대동여지도〉는 김정호라는 개인의 노력과 수고가 있었기에 제작될 수 있었다. 또 그가 이전 자료들을 바탕으로 제작한 사실을 감안하면 조선의 지도 제작 기술이 많이 발달해 있었음을 알 수 있다.

## 3 논설문 쓰기

미래 열기 개요 짜기

예시

| 서론 | 주제문 | 운동선수도 병역 의무를 다해야 한다. |
|---|---|---|
| | 자기 입장 제시 | 운동선수 가운데 나이 때문에 여러 가지 방법을 동원해서 군대에 가지 않으려고 하는 사람이 있다. 운동선수라고 해서 군대를 가지 않으려고 하는 것은 옳지 않다. |
| 본론 | 상대방 주장에 근거를 제시하여 비판<br>– 근거 비판 1<br>– 근거 비판 2 | (상대 주장 1) 운동선수는 활동하는 데 있어서 나이가 걸림돌이 되는 경우가 많다. (근거 비판) 자기 관리를 잘하고 실력이 있으면 군대를 다녀온 뒤의 나이가 크게 문제되지 않는다.<br>(상대 주장 2) 운동선수는 국제 대회에 나가거나 해외 팀에서 활동하면 나라 이름과 문화를 알리는 등 국익에 도움이 되는 일을 많이 한다. 이런 운동선수를 군대에 보내는 것은 나라에 손실이다. (근거 비판) 국제 대회에서 좋은 성적을 거두어 체육 요원으로 활약하는 방법도 있다. |
| | 자기주장에 대한 근거 제시<br>– 근거 제시 1<br>– 근거 제시 2 | (자기주장 1) 운동선수는 많은 사람이 주목하고 있는 직업이다. (근거 제시) 운동선수는 언론에 자주 등장하고 많이 알려진 사람인데, 군대에 가지 않으려는 모습은 사람들에게 좋지 않은 영향을 미칠 수 있다.<br>(자기주장 2) 운동선수도 국민으로서 마땅히 의무를 다해야 한다. (근거 제시) 운동선수도 여러 가지 직업 가운데 하나다. 당연히 국민으로서 의무를 다해야 한다. |
| 결론 | 본론을 정리하고 마무리 | 운동선수는 활동하는 데 나이 제약이 있고, 국가 이익에 도움이 된다는 이유로 여러 가지 방법을 동원해 군대에 가지 않으려고 하는 경우가 있다. 운동선수도 직업일 뿐이므로, 국민 한 사람으로서 의무를 다하는 것이 맞다. |

미래 열기  논설문 쓰기

예시  제목: 운동선수 병역 문제

 가끔 언론 보도를 통해 운동선수들이 병역 의무를 피하기 위해 여러 가지 방법을 동원한다는 사실이 알려지기도 한다. 운동선수들은 왕성하게 활동할 수 있는 기간과 군대를 가야 하는 시기가 겹치다보니 군대를 가지 않으려고 하는 경우가 있는데, 이는 옳은 결정이 아니다.

 운동선수는 활동하는 데 있어 나이가 걸림돌이 되는 경우가 많으니 이해가 된다는 사람도 있다. 하지만 자기 관리를 잘하고 실력이 있으면 군대를 다녀온 뒤 나이가 크게 문제되지 않는다. 또 국제 대회에 나가거나 해외 팀에서 활동하면 우리나라 이름과 문화를 알리는 등 나라 이익에 도움이 되는 일을 많이 하니 운동선수를 군대에 보내는 것은 나라에 손실이라고 말하는 사람도 있다. 솔직히 스스로 원해서 군대에 가려는 사람은 많지 않다. 운동선수들이 기여하는 부분이 있으니 나라에서도 국제 대회에서 좋은 성적을 거두면 4주간 군사 훈련 뒤 체육요원으로 활동할 수 있는 제도를 시행하고 있다. 그러므로 병역 문제를 피하려고 할 것이 아니라 제도를 잘 활용할 수 있는 방법을 찾는 것이 옳다.

 운동선수는 많은 사람이 주목하고 있는 직업이다. 언론에 자주 등장하고 많이 알려진 사람인데, 군대에 가지 않으려는 모습은 운동선수 전체에 대한 안 좋은 인식을 심어줄 수 있고, 운동선수를 꿈꾸는 청소년들에게 좋지 않은 영향을 끼칠 수도 있다. 또 운동선수도 대한민국 국민 가운데 한 사람이고, 여러 가지 직업 가운데 하나다. 국민으로서 의무를 다하는 것은 기본이다. 자기가 활동할 수 있는 기간이 한정되어 있다고 국민으로서 지켜야 할 의무를 다하지 않으려는 것은 잘못된 것이다.

 운동선수는 활동하는 데 나이 제약이 있고, 국가 이익에 도움 되는 일을 한다는 이유를 들어 여러 가지 방법을 동원해 군대에 가지 않으려고 하는 경우가 있다. 운동선수도 여러 직업 가운데 하나이고, 대한민국 국민이기 때문에 국민 한 사람으로서 의무를 다하는 것이 맞다.

## ④ 인물 독서 감상문 쓰기

미래 열기  개요 짜기

예시

| 그 사람의 일생에 대한 간단한 소개 | |
| --- | --- |
| 강감찬은 고려 3대 정종 임금 3년에 삼한벽상공신 강궁진의 아들로 태어났다. 태어나자마자 어머니를 여의었고 볼품 없는 외모로 놀림을 많이 받았으나 열심히 공부해 35세에 과거 시험에서 장원을 하고 관직에 나갔다. 그는 여러 관직을 두루 거치면서 백성들로부터 많은 존경을 받았다.<br>거란이 세 번째로 고려에 쳐들어 왔을 때 흥화진 전투와 귀주성 전투에서 큰 승리를 거두고 거란을 물리쳤다. | |
| 기억에 남는 이야기 | 느끼고 생각한 것 |
| 지독하게 못생긴 외모로 인해 놀림을 많이 받았다. | 대부분 위인 이야기에 나오는 인물은 늠름하고 얼굴도 잘 생긴 걸로 나오는데 강감찬은 그렇지 않아 오히려 인간적인 느낌이 들었다. |
| 새로 알게 된 사실 | 그 사실에 대한 느낌, 생각 |
| 거란군이 세 번째로 쳐들어왔을 때 대장군직을 맡은 강감찬은 나이가 70세였다. | 요즘에도 70세면 외부 활동을 하기에는 많은 나이라고 말하는데 그 당시 군대를 잘 통솔해 커다란 승리를 이루어 낸 것이 대단하다고 생각한다. |
| 본받고 싶은 모습 | 그 모습에 대한 느낌, 생각 |
| 강감찬은 외모가 못생겼을 뿐만 아니라 태어나자마자 어머니가, 11살에는 아버지마저 돌아가셨다. 하지만 이러한 열악한 여건에도 불구하고 자신이 가야할 길을 정해 놓고 흔들리지 않고 묵묵히 노력했다. | 요즘 외모에 대한 관심이 높아지면서 외모를 신경 쓰는 사람이 많다. 그래서 외모로 인해 받는 스트레스도 많은데 강감찬은 주변 사람들이 놀리는 것에도 아랑곳하지 않고 자신이 가야할 길에 대해서 노력해 가는 모습을 배우고 싶었다. 나는 주변 분위기에 따라 결심이나 생각이 바뀌는 경우가 많은데 앞으로는 그러한 모습을 줄여나가야겠다. 그리고 내가 가고자 하는 길을 정해 준비를 해 나가야겠다. |

**미래 열기** **인물 독서 감상문 쓰기**

**예시** 제목: 자기 길을 향해 묵묵히 노력한 강감찬

강감찬은 고려 3대 정종 임금 3년에 삼한벽상공신 강궁진의 아들로 태어났다. 태어나자마자 어머니를 여의고 볼품없는 외모로 놀림을 많이 받았으나 열심히 공부해 35세에 과거 시험에서 장원을 하고 관직에 나갔다. 여러 관직을 두루 거치면서 백성들로부터 많은 존경을 받았다. 거란이 세 번째로 고려에 쳐들어 왔을 때는 흥화진 전투와 귀주성 전투에서 큰 승리를 거두고 거란 세력을 물리쳐 우리나라 역사에 중요한 인물 가운데 한명으로 기록되어 있다.

강감찬은 어린 시절 지독하게 못생긴 외모로 인해 놀림을 많이 받았다. 대부분 위인 이야기에 나오는 인물은 늠름하고 얼굴도 잘 생긴 걸로 나오는데 그렇지 않아 오히려 인간적인 느낌이 들었다. 또 거란군이 세 번째로 쳐들어 왔을 때 그는 대장군직을 맡았는데 나이가 70세였다.

요즘에도 70세면 외부 활동을 하기에 많은 나이라고 말하는데 군대를 잘 통솔해 커다란 승리를 이루어 낸 것이 대단하다고 생각한다. 그만큼 자기 관리를 잘했기에 가능한 일이었다고 생각한다.

강감찬은 외모가 못생겼을 뿐만 아니라 태어나자마자 어머니가, 11살에는 아버지마저 돌아가셨다. 하지만 이러한 열악한 여건에도 불구하고 자신이 가야할 길을 정해놓고 흔들리지 않고 묵묵히 노력했다.

요즘 외모에 대한 관심이 높아지면서 외모에 대해 신경 쓰는 사람이 많다. 그래서 외모로 인해 받는 스트레스도 많은데 강감찬처럼 주변 사람들이 놀리는 것에도 아랑곳하지 않고 자신이 가야할 길에 대해서 노력하는 모습을 배우고 싶었다. 나는 주변 분위기에 따라 결심이나 생각이 바뀌는 경우가 많은데 앞으로는 그러한 모습을 줄여야겠다. 그리고 내가 가고자 하는 길을 정해 준비해 나가야겠다.

## ❺ 독서 감상문 쓰기

**미래 열기** **개요 짜기**

**예시**

| 생각나는 줄거리 | 느끼고 생각한 것 |
|---|---|
| 장운이의 아버지가 글을 몰라, 토지 매매 문서 내용을 제대로 알지 못해 사기를 당했다. | 어느 시대나 약자를 괴롭히고, 다른 사람의 부족한 점을 이용해 자기 이익을 취하는 사람이 있다는 것을 알게 되었다. |
| 장운이가 토끼눈 할아버지에게 글을 배우고 난 뒤 누나에게 편지를 쓰고, 주변 사람을 가르치고, 배운 내용을 기록할 수 있게 되었다. | 장운이가 글자를 알게 되면서 생긴 여러 가지 변화가 신기했다. 장운이는 스스로 얼마나 뿌듯하고 대견하다고 생각했을까 궁금했다. |
| 석수장이가 된 장운이가 평민이면서 글을 알고 있다는 걸로 시기를 받아, 괴롭힘을 당했다. | 신분제 사회에서 자기보다 낮은 신분 사람이 뛰어난 능력을 가진 것에 배 아플 수도 있겠지만, 무조건 높은 신분인 자기가 더 나은 사람이어야 한다고 여긴 것은 이해가 되지 않았다. 신분제 없는 사회에서 살고 있는 것이 다행이라는 생각이 들었다. |
| 책 전체에 대해서 느끼고 생각한 것 | |
| 세종 대왕과 주변 사람들이 창제한 훈민정음의 대단함을 다시금 알게 해 준 책인 것 같다. 그동안 훈민정음이 백성들 생활을 어떻게 바꾸었는지 구체적으로 알지 못했는데, 이 책을 통해 잘 알게 되었다. 훈민정음은 단순하게 새로운 글자의 탄생이 아닌 우리나라, 우리 민족의 삶을 바꾼 출발점이었다는 생각이 들었다. | |

(미래 열기) **역사 동화 감상문 쓰기**

(예시) 제목: 새로운 글자 훈민정음이 가져온 변화

〈초정리 편지〉를 읽고

'초정리 편지'는 학교 추천 도서여서 읽게 되었다. 책 내용을 살펴보니 한글 창제에 대한 이야기인 것 같은데, 왜 제목이 '초정리 편지'일까 궁금했다. 자료를 찾아보니, 초정리는 충청북도 청주에 있는 지역으로 온천이 있어 피부병이 있던 세종 대왕이 자주 행차하던 곳이었다. '아, 세종 대왕이 한글 창제 뒤 휴식을 취하러 왔을 때 있었을 법한 이야기를 상상해서 쓴 글이구나.' 하는 생각과 함께 제목도 이해가 되었다.

주인공 장운이는 아버지, 누나와 살았다. 아버지가 글을 몰라, 토지 매매 문서 내용을 제대로 알지 못해 사기를 당했다. 이 일로 집안 형편은 더 어려워졌고, 어머니 병 치료를 위해 약방에 빚진 비용 때문에 누나는 다른 마을로 식모살이를 떠났다. 어느 시대나 약자를 괴롭히고, 다른 사람의 부족한 점을 이용해 자기 이익을 취하는 사람이 있다는 것을 알게 되었다.

어느 날 산으로 나무를 하러 갔던 장운이는 토끼눈 할아버지를 만났고, 그에게 글을 배웠다. 글을 배우고 난 뒤 누나에게 편지를 쓰고, 주변 사람을 가르치고, 배운 내용을 기록할 수 있게 되었다. 장운이가 글자를 알게 되면서 생긴 여러 가지 변화가 신기했다. 장운이는 스스로 얼마나 뿌듯하고 대견하다고 생각했을까 궁금했다. 또 모든 사람이 글자를 알고 있을 것이라 생각했고, 글을 배우는 것이 당연하다고 생각했는데, 글을 아는 것이 특별한 권리라는 것을 알게 되어 조금 당황스럽기도 했다.

석수장이가 된 장운이는 평민이면서 글을 알고 있다는 걸로 시기를 받아, 괴롭힘을 당했다. 신분제 사회에서 자기보다 낮은 신분 사람이 뛰어난 능력을 가진 것에 배 아플 수도 있겠지만, 무조건 높은 신분인 자기가 더 나은 사람이어야 한다고 여긴 것은 이해되지 않았다. 신분제 없는 사회에서 살고 있는 것이 다행이라는 생각이 들었다.

세종 대왕과 주변 사람들이 창제한 훈민정음이 얼마나 대단한지를 다시금 알게 해 준 책인 것 같다. 그동안 훈민정음이 백성들 생활을 어떻게 바꾸었는지 구체적으로 알지 못했는데, 이 책을 통해 잘 알게 되었다. 책은 지식과 정보를 담고 있다. 그동안 한자로 쓴 책은 양반들만 볼 수 있었는데, 훈민정음이 창제되고 일반 백성들도 책을 읽고 쓸 수 있게 되면서 지식과 정보의 유통이 활발해져 나라 발전에 큰 도움이 되었을 것 같다. 훈민정음은 단순하게 새로운 글자의 탄생이 아닌 우리나라, 우리 민족의 삶을 바꾼 출발점이었다는 생각이 들었다.

## ⑥ 정의와 예시

(논술 한 단계)

(연습 1)
2. 예시: (1) 시험 보는 날 미역국을 먹지 않는다.
　　　　(2) 이름을 빨간색으로 쓰지 않는다.

(연습 2)
1. 정의: 배려 – 도와주거나 보살펴 주려고 마음을 쓰는 것이다.
2. 예시: (2) 벌레 먹거나 시원찮은 과일은 따지 않아서 자연을 배려했다. 또 밤을 떨 때 다 떨지 않아서 자연을 배려했다.

(연습 3)
1. 정의: 우리 언니 – 새벽형 인간이다.
2. 예시: (1) 매일 새벽 5시에 일어나 헬스장에 다녀온다.
　　　　(2) 아침밥도 먹기 전에 방 청소를 한다. 또 아침밥 먹은 설거지까지 하고 학교에 가도 늦지 않는다.

(미래 열기)

(길잡이) 문제에서 크게 벗어나지 않는 답이면 됩니다.

1. 정의
(1) 아들이 왕이지만 자신은 왕이 아니었던 사람이다.
(2) 세 변이 같은 길이로 된 삼각형이다.
(3) 날짐승이 먹도록 나무 위에 따지 않고 남겨 놓은 과일이다.
(4) 둘 이상의 대상에 차이를 두어 구별하는 것이다.
(5) 두 다리 힘으로 바퀴를 돌려 타는 것으로, 바퀴가 1개부터 4개까지 있다.

2. 예시
(1) 혼천의, 자격루, 수표, 금속 활자인 갑인자 등이 있다.
(2) 성실하게 제 몫을 다하는 사람들이 우리 사회에 많다.

(3) • 삼국 시대: 고구려 연개소문과 그 아들들을 예로
들 수 있다.
  • 조선 시대: 영조와 사도 세자를 예로 들 수 있다.
(4) • 거제 옥포 앞바다에서 왜군을 상대로 첫 번째 승
리한 옥포 해전을 예로 들 수 있다.
  • 13척의 배로 133척을 상대해 이긴 명량 해전을 예
로 들 수 있다.

(5) • 개인: 물, 전기, 종이 등을 아껴 쓴다.
  • 가정: 음식물 쓰레기를 줄인다.
  • 국가: 하수 처리장과 쓰레기 매립장 등 환경 보
전 시설을 갖춘다.

## ❼ 비교와 대조

[미래 열기]

[길잡이] 비교와 대조에 관한 개념 정리를 분명하게 한 다음 써 보세요.

[예시]

| | 화장 | 패션 | 성형 |
|---|---|---|---|
| 비교 | 1. 자기만족이다.<br>2. 남들에게 매력적으로 보이게 한다.<br>3. 아름다워지고, 아름답게 보이고 싶은 인간이 가진 본능이다. | | |
| 대조 | 1. 세수를 하면 지워진다.<br>2. 맘에 안 들면 지우고 다시 꾸밀 수 있다. | 1. 자기 개성을 잘 표현 할 수 있다.<br>2. 개성 있게 표현했어도 자기와 똑같은 옷을 입은 사람을 만날 수 있어서 창피할 때도 있다. | 1. 자신이 불만족스럽게 생각했던 신체나 부위를 개선해 자신감과 행복감을 느낄 수 있다.<br>2. 맘에 들지 않아도 다시 고치기가 어렵고 부작용이 나타날 수도 있다. |

## ❽ 분석과 분류

[논술 한 단계]

[연습 1]

(3) ⑨, ⑫
(4) ⑬, ⑭

[연습 2]

1. (3) 밤을 새워 새로운 개혁파 정부를 구성해 발표하고,
외교관들을 불러들여 새로운 정부가 구성되었
음을 알리는 활동을 했다.

(4) 구체적인 개혁 정책을 국민들에게 발표했다.
2. (3) 청나라와 연락을 주고받으며 개화파를 무너뜨리
기 위한 준비를 했다.
3. (2) 군대를 개입시켜 정변을 실패로 돌아가게 했다.
4. (2) 청나라 군대가 개입하자 개화파와 한 약속을 어기
고 철수했다.

[미래 열기]

1. (1) 박쥐, 잠자리, 거미
  (2) 송사리, 미꾸라지
2. (1) 고인 물에 낳는다.

(2) 애벌레이다. 천적으로는 송사리, 미꾸라지가 있다. 오염된 물에서도 살 수 있다. 14~41℃ 사이에서 활동이 활발해 기온이 낮은 러시아나 캐나다에서는 애벌레일 때 얼어 죽는 경우가 많다.

(3) 크기는 보통 15㎜ 미만이고 무게는 2~2.5㎎가량이다. 몸은 날개와 더듬이, 몸통, 긴 다리로 구성되어 있다. 1.5~2.5㎞/h 속력으로 날고, 낮에는 풀숲에서 잠을 자고 밤에 활동하는 야행성 곤충이다. 수컷은 나무 수액을 빨아 영양분을 공급하고, 암컷은 다른 동물의 피를 빨아 영양분을 공급한다.

## 9 서사

**논술 한 단계**

**연습**

(3) 인간에게 불을 주려는 요청을 제우스가 거절하자 태양신에게서 불을 훔쳐 인간에게 주었다.

(4) 이 사실을 알게 된 제우스는 인간에게 벌을 내렸다.

(5) 프로메테우스도 카프카스 산에 묶어놓고 독수리에게 날마다 간을 파 먹히는 벌을 주었다.

**미래 열기**

**예시**

1. (1) 고기, 감자, 호박, 양파를 손질하고 썰었다.

(2) 프라이팬에 고기를 먼저 볶은 다음, 야채를 넣어 함께 볶았다.

(3) 춘장을 넣었다.

(4) 면을 삶았다.

(5) 접시에 예쁘게 담아 가족과 함께 맛있게 먹었다.

2.

**예시**

제목: 짜장면 만들어 먹기

"호석아, 야채를 썰 때는 고양이 손 모양을 하고 썰어야 안전해."

처음에 고기, 감자, 양파, 호박을 도마 위에 올려놓고 양파부터 썰었다. 껍질을 깔 때도 눈물이 나왔는데 썰려고 하니까 더 눈물이 난다. 중국집에서 짜장

면 먹을 때는 달던데…, 왜 이렇게 매운 거야? 감자는 쓱쓱 싹싹 잘 썰었는데, 호박은 물렁해서 칼을 잡은 손에 힘이 들어갔다.

다 썬 고기와 야채를 프라이팬에 볶을 차례였다. 기름이 튈까 봐서 조마조마했다.

프라이팬에 고기, 감자, 호박, 양파를 볶았다.

"춘장 넣어줄까?" 엄마가 야채 상태를 보더니 말했다.

춘장을 섞으니 정말로 맛있는 냄새가 났다. 냄새도 색깔도 중국집 짜장과 비슷했다. 다른 냄비에 면을 삶았다.

"와! 완성, 엄마 어서 먹어 봐요."

엄마는 예쁜 접시에 면과 짜장소스를 담아 주셨다. 가족들과 나는 내가 처음으로 만든 짜장면을 먹어 보았다. 짜지 않고, 담백한 맛이었다. 내가 만든 요리라서 그런지 더욱 맛있었다.

## 10 묘사

**논술 한 단계**

**연습**

1. (2) 또 푸드득 하고 모가지를 쪼았다.

(3) 여지없이 닦아 놓는다.

2. (3) 이렇게까지 홍당무처럼 새빨개진 법이 없었다.

(4) 나중에는 눈물까지 어리는 것이 아니냐.

(5) 엎어질 듯 자빠질 듯 논둑으로 횡허케 달아나는 것이다.

**미래 열기**

〈보기〉 글을 따라서 쓰면 됩니다.

## 11 논거 제시

**미래 열기** 논거 제시

1. 논거 제시

(1) 바가지요금 때문에

(2) 관광객이 많아서 비싸게 받아도 이용하는 사람이 있어 돈을 벌려고

2. 논거 찾기

(1) 업소들이 붙여놓은 예약 광고판을 못 보았다고 말했다.

(2) 호텔에서는 찜질방 이용권을 2배 가격에 판매했다. 커피숍은 층마다 가격을 달리해서 받았다. 등

미래 열기  논거 정리

1. 논거 제시

(1) 철골이 오래되었기 때문에

(2) 사고가 퇴근길 러시아워에 일어나 다리 위에는 차량들이 많았고, 구조 작업이 늦어졌기 때문에

(3) 잠수부들이 어두운 밤에 구조 작업을 하다가 다칠 수 있기 때문에

2. 논거 찾기

(1) 2001년 미네소타대학 조사팀은 이 다리 철골 구조물이 금속 피로 현상을 보이고 있다고 진단했고, 9개월 전부터 보수 공사를 하고 있었다.

(2) 완공된 지 15년 밖에 안 되었고, 왕복 4차로에 하루 교통량도 많지 않았다.

## 12 주제문 찾기

논술 한 단계

주제문 찾기 2

능동적인 자세로 선택·수용하여 소화시킬 수 있는 능력과 여유를 가지도록 스스로 노력해야 할 것이다.

미래 열기

주제문 찾기 1

보신탕을 먹는 한국인을 야만인이라고 비난하는 것은 유목 사회 기준이다.

주제문 찾기 2

우리나라 청소년들 식생활에는 문제가 있다.

주제문 찾기 3

도시에서는 이웃끼리 서로 도우며 살아야 한다.

## 13 상황 제시

미래 열기

예시

2. (1) 반찬이 맛없는 것은 많이 나오고 맛있는 것은 조금밖에 나오지 않았는데 선생님은 하나도 남기지 말고 다 먹으라고 해서 급식 시간이 괴롭다

(2) 배식하는 아이들이 맛있는 것은 자기들이 먹으려고 조금씩만 주고 맛없는 것은 많이 준다.

(3) 점심시간이 너무 빨라서 오후 수업을 마치기도 전에 배가 고프다.

3. 예시  우리 학교는 급식 반찬이 정말 맛이 없다. 돈가스나 불고기, 떡볶이처럼 맛있는 반찬이 나올 때도 있지만 그런 것은 조금밖에 나오지 않고 맛없는 것만 많이 나온다. 하지만 선생님은 하나도 남기지 말고 다 먹으라고 한다. 맛이 없어서 못 먹겠다고 해도 편식하면 안 된다며 남기지 못하게 한다. 그래서 급식 시간이 너무 괴롭다. 그리고 교실에서 급식을 먹는데 배식하는 아이들이 맛있는 것은 자기들이 먹으려고 조금씩만 나누어주고 맛없는 것만 많이 준다. 그래서 아이들이랑 싸우기도 한다. 또 급식을 3교시 마치고 먹는데, 점심을 너무 빨리 먹으니까 오후 수업을 하면 금방 배가 고파져서 공부가 잘 안된다.

## 14 원인 분석 1

논술 한 단계

연습 2

(2) 외환 보유고를 늘려야 하는데 국제 통화인 금이 가장 필요했다.

(3) 나라가 살아야 기업도 살고 자신도 살 수 있다고 생각했다.

미래 열기

예시

1. (2) 동생이 놀다가 다쳤는데 병원비가 많이 들어서 다른 지출을 줄여야 했다.

(3) 전세 계약 연장을 하는데 금액을 올려주어야 해서 모든 지출을 줄여야 했다.

2. **길잡이**  제시한 원인 가운데 하나를 골라 예시처럼 자세히 풀어쓰면 됩니다.

**예시**  재은이가 이번 달 용돈을 받지 못한 까닭은 지난달에 동생이 집 앞에서 친구들과 놀다 다쳐서 병원에 입원했기 때문이다. 엄마는 동생을 돌보기 위해 병원을 왔다 갔다 하느라 정신이 없어서 재은이 용돈 주는 날을 챙기지 못했다.

그런데 병원에 입원한 동생이 치료를 끝내고 퇴원할 때 병원비가 예상보다 많이 나와 이번 달 생활비가 줄어들었다. 엄마가 이것저것 고민하고 비용을 줄이는 과정에서 재은이 용돈이 포함되었다. 또 엄마가 지난달 동생이 다친 것을 겪고 나서 갑작스럽게 일어나는 일에 대비를 해야 한다면서 보험에 가입하셨다. 아빠 용돈부터 모든 것이 다 줄어드는 과정에서 재은이 용돈을 주지 못하게 된 것이다.

## 15  원인 분석 2

**논술 한 단계**

**연습 1**

(2) 황제를 협박해 7개조 조약을 체결했다. 그리고 황제를 폐위시키고 군대를 해산시켰다.

(5) 한국 독립을 회복하고 동양 평화를 유지할 수 있다.

**연습 2**

(2) 죄를 지은 사람이 뉘우칠 때에는 그 사람을 용서하고 반성하며 살 수 있도록 기회를 주어야 하는데 그런 기회를 빼앗는 것이다.

(3) 재판이 잘못되어 억울하게 사형당하는 경우도 있다.

(5) 사형 제도는 그 나라 인권과 문화 수준을 보여 주는데 선진국일수록 사형제를 폐지한 나라가 많다.

(6) 사형 제도로 사회 범죄를 완전히 없앨 수는 없다.

**미래 열기**

**예시**

2. (1) 외국어 교육이 중요해지자, 현지에서 직접 영어나 중국어를 배우려는 사람이 늘고 있다.

(2) 외국어 교육은 나이가 어릴수록 적응이 빠르고, 학습 효과도 좋다고 생각하는 학부모가 많다.

(3) 여러 나라 친구를 만나고 다른 방식의 교육을 받아 보면 견문을 넓혀 성장에 도움이 된다고 생각한다.

3. **예시**  교통, 통신 등의 발달로 세계가 긴밀하게 연결되어 외국어 교육이 중요해지자 현지에서 직접 영어나 중국어를 배우려는 사람이 늘고 있다. 특히 외국어 교육은 나이가 어릴수록 적응이 빠르고 학습 효과도 좋다고 생각하는 학부모들이 많다. 또 여러 나라 친구를 만나고, 우리나라와는 다른 방식의 교육을 받아보면 견문도 넓어지고 성장에 도움이 된다고 생각한다. 그래서 해외연수를 가는 어린 학생들이 점차 늘어나고 있다.

## 16  대안 제시

**논술 한 단계**

**연습 2**

(2) 부모님이 게임 시간을 정해주고 약속을 지킬 때 칭찬해 준다.

(3) 부모님과 어린이가 함께 대화하고 노는 시간을 갖는다.

**연습 3**

(1) 폭력이 범죄 행위라는 것을 교육해야 한다.

(3) 바른 말 고운 말을 쓰도록 한다.

**연습 4**

(1) 대기오염이 얼마나 심각한 지 깨달아야 한다.

(2) 오염을 흡수하는 나무를 많이 심어야 한다.

**미래 열기**

**길잡이**  다양한 답이 나올 수 있습니다. 문제에서 벗어나지 않는 대안이면 됩니다.

**예시**

1. (1) 할머니, 할아버지와 같이 살거나 가까이 살 수 있는 방법을 찾아본다.

(2) 아이가 혼자라는 생각을 하지 않도록 애완동물을 기른다.

(3) 친한 친구들과 함께 놀거나 공부한다.

2. (1) 주부 스스로가 긍정적인 마음을 갖도록 노력한다.

　(2) 남자들은 먹고 놀지만 말고, 일을 돕도록 한다.

　(3) 수고하는 아내에게 따뜻한 감사 인사를 건넨다.

3. (1) 건설사는 아파트를 지을 때 소음을 막을 수 있는 건축 자재를 써야 한다.

　(2) 국토교통부에서는 층간 소음 허용 기준을 현실에 맞게 조절한다.

　(3) 이웃 사이에 기분 상하지 않도록 서로가 조심한다.

4. (1) 주민들이 납득할 수 있도록 시간을 갖고 충분히 설명한다.

　(2) 주민들이 받을 피해에 대해 보상할 수 있는 방법을 찾아본다.

　(3) 정부나 지방 자치 단체는 쓰레기 소각장이나 화장장이 필요 시설이라는 공감대가 형성되도록 꾸준히 노력한다.

5. (1) 학교 공부만으로 상급 학교 진학이 가능하도록 입시 제도를 개편한다.

　(2) 부모들은 사교육을 해야 공부를 잘한다는 생각을 버려야 한다.

　(3) 학생 스스로 공부하는 습관을 익혀야 한다.

## 17 반대하기

논술 한 단계

연습 2

(2) 국가에서 청년 실업 통계를 정확히 내지 못한다.

(3) 불안정한 생활로 결혼 적령기가 늦어지고 그에 따라 출산율이 저하된다.

미래 열기

예시

2. (1) 산을 찾는 사람이 많아져서 산이 오염되고 있다.

　(2) 국립공원 입장료가 폐지됐지만 시설 이용료가 올랐다.

　(3) 사람이 너무 많아서 자연을 즐기지 못한다.

　(4) 주차장에 차가 많아 주차하기가 곤란하다.

3. 예시　2007년 1월 1일, 국립공원 입장료가 폐지되면서 산을 찾는 사람이 더 많아졌다. 사람이 많아지면 그 수만큼 쓰레기도 많아진다. 입장료를 받을 때보다 쓰레기통에 쌓여 있는 쓰레기가 더 많아졌다.

　관리공단측은 입장료를 폐지하면서 국립공원 안에 있는 시설물에 대한 이용료를 인상했는데 야영장 사용 요금과 주차장 등 시설 이용료가 25%까지 올랐다. 시설물 이용료는 시설을 이용하는 사람들에게 편의를 제공하기 위한 시설이어야 한다. 그런데 시설물은 개선하지 않고 시설 이용료만 인상된 것이다. 산행을 즐기려는 등산객이 늘어나 사람과 자동차는 증가했는데 주차장 시설은 예전 그대로라서 주차장에 차를 대려면 많은 시간을 기다려야 한다. 또 시설을 이용하기 위해 기다려야 하는 시간도 길어져 불편하다.

　국립공원에 사람이 너무 많아져서 자연을 즐기기 못하고, 여기저기서 떠드는 소리에 기분이 상하기도 한다.

## 18 결론 쓰기

논술 한 단계

연습 2

　이회영과 형제들은 일가족 40여 명을 이끌고 만주로 향했다. 모든 재산을 처분하고, 그 돈을 오로지 독립 운동을 위해 썼다.

미래 열기

구청은 어린이집에 과태료를 부과하고 고발할 계획이다.

## 19 6단 논법 1

미래 열기

| | |
|---|---|
| 문제 제기(상황 제시)<br>– 문제의 내포(본질)와<br>외연(현상) | 1. 청소년들이 즐길만한 놀이 문화가 부족하다. |
| | 2. 맨날 똑같이 평범하게 사는 청소년들은 특별한 날이 필요하다. |
| 원인 분석<br>– 사회(외부)적 원인<br>– 개인(내부)적 원인 | 1. 국경일이나 전통문화는 어른들을 위한 것일 뿐 청소년을 위한 행사가 아니어서 따분하다. 학생의 날이 있지만 정작 학생들을 위한 행사는 없다. |
| | 2. 학교, 학원, 숙제 때문에 청소년들은 자유 시간도 부족하고 스트레스가 쌓이기 때문이다. |
| 대안 제시<br>– 사회(외부)적 대안<br>– 개인(내부)적 대안 | 1. 친구들끼리 같은 기념일을 챙기다 보면 내가 친구들에게 얼마나 인기가 있는지 알 수 있고 친구들끼리 서로 우정을 확인할 수 있는 기회다. |
| | 2. 지치고 힘들 때 친구들이 챙겨주는 특별한 선물을 받으면 기분이 좋다. 또 평상시에는 자주 먹을 수 없는 초콜릿이나 사탕을 맘대로 먹을 수 있어서 좋다. |
| 반대<br>– 대안에 대한 반발과<br>부작용 | 1. 서로 친한 친구들만 챙기다 보면 평소 친구가 별로 없는 친구는 이런 날 더 힘들어 지고 왕따가 되기 쉽다. |
| | 2. 기업 상술에 포장만 그럴 듯하게 꾸민 비싼 물건을 충동구매하여 돈을 낭비할 수 있다. |
| 극복<br>– 그 반발도 극복하면서<br>문제를 해소할 방법 | 1. 데이 문화를 챙기다 보면 평상시에 친하지 않던 친구도 이런 날 오히려 부담없이 어울릴 수 있는 기회가 올 수 있어 친구 관계가 폭넓어질 수도 있다. |
| | 2. 요즘은 인터넷에 초콜릿을 예쁘게 포장하는 방법이나 사탕 바구니를 만들 수 있는 방법 등 상업적으로 휘둘리지 않고도 자신이 직접 재료를 사서 만들 수 있는 정보가 무궁무진하다. 솜씨가 없다면 마음을 담은 정성스런 카드 한 장을 준비하면 저렴한 가격으로 부담 없이 선물을 주고받을 수도 있다. |
| 최종 결론<br>– 전체 정리와 마무리 | 　요즘같이 각종 데이가 난무하는 것은 기업이 벌이는 데이 마케팅이 한 몫 한다. 이런 상술에 젖어 데이 문화를 무조건 받아들이기 보다는 현명하게 판단해 데이 문화를 바람직하고 의미 있는 기념일로 이끌 수 있는 방법을 찾아보는 것은 어떨까? 우정과 사랑을 표현할 수 있는 방법이 꼭 데이 문화만 있는 것이 아니다. 자신만의 특별한 데이를 만들어 즐기는 것도 즐거운 일이다. 아니면 발렌타인 데이나 화이트 데이를 독거노인이나 장애인들에게 따뜻한 선물을 주는 날로 바꾸는 것은 어떨까? 또 기성세대들도 데이 문화에 열광하는 청소년들에게 건전한 탈출구를 만들어 줄 수 있도록 노력해야 한다. |

## 20 6단 논법 2

미래 열기

1. • 찬성 의견일 경우

| 문제 제기(상황 제시)<br>－문제의 내포(본질)와<br>　외연(현상) | 1. 마음에 들지 않는 신체 부분 때문에 자신감이 없다. |
| --- | --- |
| | 2. 원하는 대로 변한 모습은 나에게 만족감을 줄 수 있다. |
| | 3. 멋진 외모는 여러 사람에게 호감을 주고 앞으로 큰 장점이 될 수 있다. |
| 원인 분석<br>－사회(외부)적 원인<br>－개인(내부)적 원인 | 1. 사람은 누구나 다른 사람에게 예쁘거나 멋지게 보이고 싶기 때문이다. |
| | 2. 누구나 마음에 안 드는 부분이 있고 그것을 원하는 대로 바꾸면 만족할 수 있다. |
| | 3. 외모가 멋지면 사람들이 호감을 갖기도 하고 취업하는 데 도움이 되기도 한다. |
| 대안 제시<br>－사회(외부)적 대안<br>－개인(내부)적 대안 | 1. 자신이 열등감을 가지는 신체 부분을 성형해 바꿀 수 있다. |
| | 2. 내가 원하는 모습대로 성형을 하면 만족해 생활이 즐거워질 수 있다. |
| | 3. 외모를 멋지게 꾸미며 사람들에게 호감을 준다. |
| 반대<br>－대안에 대한 반발과<br>　부작용 | 1. 내 개성을 잃어버리고 남들과 비슷하게 될 수 있다. |
| | 2. 내가 원하는 모습대로 성형이 안 될 수도 있고 성형에 중독되는 경우도 많다. |
| | 3. 사람들에게 보이기 위해서 꾸미는 데 치중하면 내면을 가꾸는 데 소홀할 수 있다. |
| 극복<br>－그 반발도 극복하면서<br>　문제를 해소할 방법 | 1. 내가 생활에 지장을 받을 정도로 열등감을 느끼는 신체 부위가 있다면 성형을 통해 자신감을 찾고 내 모습에 가장 알맞은 모습을 찾으면 된다. |
| | 2. 성형으로 만족이 안 된다면 자신에 대해 만족할 수 있는 다른 방법을 찾아본다. |
| | 3. 내게 알맞은 모습과 호감을 줄 수 있는 모습을 적당히 절충해 외모를 꾸미고, 내면을 가꾸는 데도 소홀히 하지 않는다. |
| 최종 결론<br>－전체 정리와 마무리 | 　마음에 들지 않는 신체 부분 때문에 자신감이 떨어져 소극적이 되거나, 만족감을 느끼지 못한다면 성형도 필요하다. 성형을 해 자신감과 만족감을 가지게 된다면 성격도 바뀔 수 있고 생활이 즐거워질 수 있는 것이다. 다만 성형으로 만족하지 못한다면 자신에게 맞는 모습을 찾고, 다른 방법으로 자신에게 만족할 수 있도록 노력해보자. |

• 반대 의견일 경우

| 문제 제기(상황 제시) –문제의 내포(본질)와 외연(현상) | 1. 성형 수술을 하면 개성이 없어진다. |
|---|---|
| | 2. 성형 수술은 비용이 많이 들고 이것 때문에 일을 하기도 한다. |
| | 3. 성형 수술을 하면 남들이 손가락질하는 경우도 많다. |
| 원인 분석 –사회(외부)적 원인 –개인(내부)적 원인 | 1. 남들이 멋지다고 하는 모습을 그대로 따라가는 것이기 때문이다. |
| | 2. 성형을 하는 것이 중요한 목적이 되어버렸기 때문이다. |
| | 3. 사람들이 성형 수술한 얼굴을 인공이라며 비난하기 때문이다. |
| 대안 제시 –사회(외부)적 대안 –개인(내부)적 대안 | 1. 성형보다는 자신이 갖고 있는 자연스러운 모습을 아름답게 꾸미는 게 좋다. |
| | 2. 외모보다 자기가 목표로 삼을 수 있는 일이 무엇인지 찾고 노력한다. |
| | 3. 성형 수술을 하고 안하고는 스스로 하는 선택이므로 남들 시선은 상관없다. |
| 반대 –대안에 대한 반발과 부작용 | 1. 자연스러운 모습보다 성형한 외모를 가진 사람들이 더 인기가 많을 수 있다. |
| | 2. 성형을 해 달라진 외모가 목표를 찾고 달성하는 데 도움이 될 수도 있다. |
| | 3. 지금 우리나라는 외모에 대해 집착하는 경향이 많고 성형 열풍이 심하다. |
| 극복 –그 반발도 극복하면서 문제를 해소할 방법 | 1. 자연스러운 내 모습을 인정하고 발견해 줄 수 있는 사람들을 만나면 된다. |
| | 2. 목표를 찾고 달성하는 데 필요한 것은 의지 문제이다. |
| | 3. 사회에서 인정받을 수 있는 능력을 키우는 것이 더 중요하다. |
| 최종 결론 –전체 정리와 마무리 | 성형을 하면 자연스러움과 개성이 없어질 수 있다. 사회 분위기가 외모 멋진 사람을 우대하고 성형 열풍이 심한 것은 있지만 외모보다는 내 능력을 키우는 것이 더 중요하다. 또 다양한 개성을 인정하는 사회에서는 자연스러움이 가장 아름다운 것이 될 수 있다. |

미래 열기

2. • 찬성 의견일 경우

주제문: 성형 수술은 자신감을 갖게 하므로 필요할 수 있다.

예시

사람마다 마음에 들지 않는 신체 부분이 있는데, 이 때문에 자신감이 없어 여러 면에서 소극적일 수 있다. 사람은 누구나 다른 사람에게 예쁘거나 멋지게 보이고 싶기 때문이다. 이럴 경우에 성형을 해 자신감을 갖게 되면 성격도 적극적으로 변할 수 있다. 물론 성형했다는 것 때문에 열등감을 가져 더 소극적이 될 수도 있다. 하지만 자신 없어 하는 부분을 성형해 만족하는 것이 더 나은 선택이라고 본다.

신체 부분을 원하는 대로 바꾸면 만족할 수 있다. 만족하면 생활도 즐거워진다. 물론 내가 원하는 모습대로 성형이 안 될 수도 있고 원하는 모습을 찾다가 성형에 중독되는 경우도 많다. 성형으로 만족을 누릴 수 없다면 자신이 만족할 수 있는 다른 것을 찾아보는 것도 나쁘지 않다.

멋진 외모가 호감을 주어 도움이 되는 사회이다. 외모가 멋지면 호감이 더 가고 이것이 사회생활에서 좋은 결과를 낼 수도 있기 때문이다. 그러나 개성을 잃을 수도 있다. 내게 알맞은 모습과 호감을 줄 수 있는 모습을 적당히 절충하는 태도도 필요하다.

• 반대 의견일 경우

주제문: 자연스러운 내 모습이 아름다운 것이다.

예시

성형 수술을 하면 개성이 없어진다. 남들이 멋지다고 하는 모습을 그대로 따라가는 것이기 때문이다. 성형보

다는 자신이 갖고 있는 자연스러운 모습을 인정하는 게 중요하다. 멋진 외모를 가진 사람들이 더 인기가 많고 인정을 받는 경우도 있지만 외모보다 실력과 능력을 키우는 것이 더 중요하다.

성형 수술은 비용이 많이 들고 비용 마련을 위해 일을 하기도 하는데, 이것은 성형 자체가 목적이 되어버렸기 때문이다. 그래서 자기가 목표로 삼을 수 있는 일이 무엇인지 찾고 노력하는 자세가 더 필요한 것이다. 달라진 외모가 목표를 찾고 달성하는 데 도움이 될 수는 있겠지만 가장 중요한 것은 내 의지에 달린 것이다. 지금 사회가 성형 열풍에 시달리고 있다. 그러나 한편으로는 성형한 외모를 손가락질하기도 한다. 성형 수술을 한 얼굴을 인공이라며 싫어하기 때문이다.

성형 열풍은 한때 부는 바람처럼 지나가기 마련이다. 그리고 자연스러운 모습으로 자신의 능력을 발휘하는 사람이 더 많다. 사람마다 가진 개성이 다르고 그만큼 멋진 외모의 기준도 다양한 것이다. 자연스러움이 가장 아름다운 것이다.

## 논술문 쓰기

### 1 올바른 소비 방법

1. 예시

|  | 비교 | 대조 |
|---|---|---|
| 예문 1 | • 여러 물건을 판매하는 큰 회사다.<br>• 소비자를 위한 편의 시설이 잘 갖춰져 있다.<br>• 물건을 팔아서 회사가 점점 부자가 되었다. | • 소비자가 물건을 싸게 살 수 있게 되었다.<br>• 직원들이 월급을 적게 받고, 물건을 납품하는 사람들은 품질을 낮추었다.<br>• 재래시장이나 동네 구멍가게들이 장사가 안돼서 문을 닫았다 |
| 예문 2 |  | • 물건을 납품하는 사람들이나 일하는 직원들이 돈을 많이 벌었다.<br>• 소비자들이 비싼 물건을 사느라고 가난해졌다. |

2. 예시 예문 ①처럼 싼 값에 물건을 팔아야 한다. 그래야 소비자에게 이익이 되기 때문이다.

3. 예시 재래시장이 망하고 동네 구멍가게가 망하면 급할 때 가까운 곳에서 물건을 살 수 없을 것이다. 그러므로 재래시장이나 구멍가게도 장사를 할 수 있도록 더더마트가 지나치게 싸게 팔지 못하도록 해야 한다.

또 물건을 납품하는 사람들이 망하면 더더마트에 물건이 들어올 수 없게 되므로 결국에는 소비자들도 물건을 살 수 없을 것이다. 그러므로 더더마트가 물건을 납품하는 사람들에게 어느 정도 이익을 보장해 주도록 해야 한다.

그리고 일하는 직원들이 월급을 적게 받으면 더더마트에서 일하지 않게 되므로 물건을 사러 가도 파는 사람이 없어서 사지 못할 것이다. 그러므로 직원들의 월급을 지나치게 깎지 못하도록 제도적으로 보완해야 한다.

4. 예시 아무리 돈이 많다고 해도 마구 써버린다면 가난해질 수 밖에 없다. 그러므로 갖고 싶은 물건이 있더라도 나에게 꼭 필요한 것이 아니면 사지 말아야 한다. 그리고 값이 싸다고 해서 무조건 좋아할 것이 아니라 질이 좋은 물건인지, 만드는 사람과 납품하는 사람, 그리고 파는 사람이 모두 이익이 되는지 따져 보아야 한다.

예시

주제문: 꼭 필요한 물건만 적당한 값을 주고 사야 한다.

예문 1에 나오는 더더마트는 싸게 파니까 좋은 것 같다. 하지만 소비자를 제외하고 직원들이 월급을 제대로 받지 못하고 납품하는 사람들도 힘들어졌다. 또 재래시장이나 동네 구멍가게도 장사가 안돼서 문을 닫게 된다.

반대로 예문 2에 나오는 세다백화점은 직원들도 돈을 많이 벌고 물건을 납품하는 사람도 돈을 많이 벌지만 소비자들은 그 물건을 사느라 빚을 지게 되고 가난해졌다.

두 가지 다 문제가 있지만 소비자 입장에서는 싸게 파는 곳이 더 좋은 것 같다. 그러나 물건을 편하

게 살 수 있는 재래시장과 동네 구멍가게가 망하면 급할 때 가까운 곳에서 물건을 살 수 없어서 나중에는 도리어 불편해질 것이다. 예를 들어 밤중에 급하게 음료수 한 병을 사려고 차를 타고 더더마트까지 간다면 물건 값보다 왔다 갔다 하는 돈이 더 들게 되기 때문이다. 그러므로 더더마트가 지나치게 싸게 팔지 못하도록 해서 재래시장이랑 동네 구멍가게도 문을 닫지 않도록 해야 한다.

또 물건을 납품하는 사람들이 망하면 더더마트에 물건이 들어올 수 없게 되므로 결국에는 소비자들도 물건을 살 수 없을 것이다. 재래시장도 망하고, 동네 구멍가게도 망하고, 더더마트도 망하면 소비자들은 어디에서도 물건을 살 수 없다. 그러므로 더더마트가 물건을 납품하는 사람들에게 일정한 이익을 보장해 주어야 한다.

그리고 일하는 직원들이 월급을 적게 받으면 더더마트에서 일하지 않게 되므로 물건을 사러 가도 파는 사람이 없어서 사지 못할 것이다. 직원이 그만두면 더더마트도 장사를 못하게 되므로 지나치게 월급을 깎지 못하도록 해야 한다.

하지만 중요한 것은 역시 소비자들이 올바르게 판단해서 현명하게 소비를 하면 많은 문제가 해결될 것이다. 아무리 돈이 많다고 해도 마구 써버린다면 가난해질 수 밖에 없다. 그러므로 내가 갖고 싶은 물건인지, 꼭 필요한 물건인지 잘 따져보고 지금 당장 꼭 필요한 것이 아니라면 사지 말아야 한다. 지난번에 나도 마트에서 멋진 운동화를 보고 당장 사고 싶었는데 지금 신고 다니는 운동화가 멀쩡한데 왜 사냐고 아버지가 핀잔을 주어서 안 산 적이 있다. 그때는 아쉬웠지만 그때 샀더라면 괜히 돈만 버릴 뻔 했다.

그리고 값이 싸다고 해서 무조건 좋아할 것이 아니라 질이 좋은 물건인지, 만드는 사람과 납품하는 사람, 그리고 파는 사람이 모두 이익이 되는지도 따져 보아야 한다.

소비자는 왕이라고 한다. 왕이 백성들에게 존경을 받으려면 바른 정치를 해야 하는 것처럼 소비자도 왕이 되려면 바른 소비를 해야 할 것이다. 그래야 자신뿐만 아니라 관계된 사람들이 조금은 더 행복해질 수 있을 것이다.

## 2 역사 공부 방법

1. 예시

| | 공통점 | 차이점 |
|---|---|---|
| 예문 1 | • 역사를 좋아한다.<br>• 자기만의 역사 공부 방법이 있다.<br>• 자기 방식만을 고집한다. | • 역사 사건이 일어난 연도와 사실만 달달 외운다.<br>• 역사 사실을 구체적으로 잘 안다.<br>• 역사 사건에 담긴 의미를 잘 알지 못한다. |
| 예문 2 | | • 역사 사건에 담긴 의미만 알려고 한다.<br>• 역사 사건에 담긴 의미를 잘 해석한다.<br>• 역사 사건이 일어난 연도나 사실을 구체적으로 알지 못한다. |

2. 예시 • 장점: 역사 사실이 일어난 연도와 사건을 잘 외운다. 그래서 사건이 언제 일어났는지 누가 물으면 연도를 바로 대답한다.
• 단점: 역사 사건이 왜 일어났는지, 그 사건이 이후 어떤 영향을 끼쳤는지와 같은 역사 해석을 하지 못한다. 그래서 역사에 담긴 의미를 잘 모른다.

3. 예시 • 장점: 역사 사실에 대해 해석을 잘 한다. 그래서 역사 사건이 가지고 있는 역사적인 의미를 잘 알고 있고, 자기 생각으로 역사를 해석할 수도 있다.
• 단점: 역사 사실이 일어난 연도와 사건을 외우지 않는다. 그래서 사건이 언제 일어났는지 잘 모른다.

4. 예시 역사적으로 중요한 사건은 무엇인지, 그 사건이 언제 일어났는지 우선 외운다. 그 다음 그 사건이 어떻게 해서 일어나게 되었는지, 그 사건이 이후 사건에 어떤 영향을 주었는지에 대한 역사적인 해석을 공부한다. 그리고 역사 사건을 자기 생각으로 해석해 본다.

예시

주제문: 역사 사실을 먼저 외워야 한다.

예문 1을 보면 태형이는 역사 사실이 일어난 연도와 사건을 잘 외워 누가 물으면 연도와 사건을 바로 대답할 수 있다. 그러기 위해서는 역사 사건이 일어난 연도와 사실만 달달 외워 역사 사실을 구체적으로 알아야 한다. 하지만 이렇게 역사 공부를 하면 역사 사건에 담긴 의미를 제대로 알지 못한다.

이에 비해 예문 2를 보면 지민이는 역사 사건에 담긴 의미만 알려고 해서 역사 사건에 담긴 의미를 잘 해석한다. 하지만 역사 사건이 일어난 연도나 사실을 구체적으로 알지 못한다.

두 사람 다 공부 방식에 문제가 있지만, 역사 공부를 잘 하기 위해서는 역사 사실을 아는 것이 더 좋을 것 같다. 사건이 언제 일어났는지도 모르면 그 사건에 대한 해석을 이해하기 힘들기 때문이다.

물론 역사 사실이 일어난 연도만 외우는 것은 그 사건이 왜 일어났는지, 그 사건이 이후 어떤 영향을 끼쳤는지와 같은 역사 해석을 하지 못할 수 있다. 그래서 역사에 담긴 의미를 잘 모를 수 있다. 예를 들어 방정환이 어린이날을 만든 이유를 알면 오늘날 어린이날을 얼마나 소중하게 생각해야 하는지, 어른들이 어린이를 얼마나 소중한 존재로 여겨야 하는지 알 수 있다. 그러므로 역사 사건이 가진 역사적 의미를 공부해야한다.

하지만 역사 해석을 제대로 공부하기 위해서는 역사 사건이 언제, 왜 일어났는지를 잘 알고 있어야 한다. 그 사건이 일어나게 된 배경과 일어난 시기를 알지 못하면 역사 해석을 이해하지 못 하기 때문이다. 예를 들어 방정환이 어린이날을 만든 때가 언제인지 모르면 어린이날이 가지고 있는 의미를 제대로 알 수 없다. 또 어린이날을 만들 때 방정환이 한 일들이 이후 어린이 운동에 미친 영향을 제대로 이해하기 어렵다.

역사 공부를 하는 목적은 역사에서 교훈을 얻어 보다 나은 미래를 살기 위한 것이다. 따라서 역사 공부를

잘 하려면 역사적으로 중요한 사건은 무엇인지, 그 사건이 언제 일어났는지 우선 외워야 한다. 그 다음 그 사건이 어떻게 해서 일어나게 되었는지, 그 사건이 이후 사건에 어떤 영향을 주었는지에 대한 역사적인 해석을 공부한다. 그리고 역사 사건을 자기 생각으로 해석해 보는 순서가 되어야 한다.

역사는 과거에 일어난 일이기 때문에 현재 관점으로 역사를 바라보게 되는 한계를 가지게 된다. 따라서 그 사건이 일어난 때를 잘 알고 있어야 그 사건을 제대로 해석할 수 있다.

## ③ 갈등을 극복하는 방법

**1. 예시**

|  | 비교 | 대조 |
|---|---|---|
| 예문 1 | • 차이가 있거나 입장이 달라도 만났다.<br>• 입장 차이로 갈등이 생겼다. | • 여우와 두루미는 자기 방식으로 음식을 대접했다.<br>• 처음에는 호의로 시작했지만 상대를 배려하지 않아서 무의미하게 되었다.<br>• 차이와 차별을 구분하지 못해서 상대편뿐만 아니라 화가 자기에게 돌아왔다. |
| 예문 2 |  | • 처음엔 갈등을 일으켰으나 입장을 바꾸어 보는 자세로 문제를 해결했다.<br>• 상대방을 배려함으로써 다른 생각을 극복하고 원만한 관계를 맺었다. |

**2. 예시** 여우가 자기 그릇을 두루미에게 강요하고 두루미도 여우에게 자기 방식을 강요했기 때문에 갈등이 생긴 것이다. 갈등을 해결하기 위해서는 각각 상대방을 배려한 그릇을 쓰면 된다. 그러면 서로 즐겁고 맛있게 음식을 먹으면서 원만한 관계를 가질 수 있다.

**3. 예시** 문제 해결을 위해서는 '발상의 전환'이 필요하며, 상대편 입장을 배려해 주는 자세가 필요하다.

**4.** (1) 상대를 배려하고 존중한다.
(2) 나와 남은 다르다'라는 차이를 인정한다.
(3) 입장을 서로 바꿔서 생각해 본다.

**예시**

주제문: 나와 남은 다르다는 차이를 인정해야 한다.

우리는 늘 갈등 속에 살고 있다. 갈등은 기본적으로 다른 사람과 관계에서 비롯된다. 사람의 생김새가 다르듯 생각도 모두 다르다. 타고난 성격뿐만 아니라 경험이 다르기 때문이다. 갈등을 줄이고 원만한 관계를 유지하기 위해서는 무엇보다 사람들은 모두 다르다는 사실을 인정해야 한다.

이솝우화에 나오는 여우와 두루미는 차이와 차별을 구분하지 못한 데서 갈등이 시작되었다. 차이라는 것은 다만 서로 다른 것이고 차별이란 힘이 센 사람이나 이익을 노리는 사람이 그렇지 못한 상대에게 힘을 행사하고 자기 마음대로 행동해 나가는 것이다.

여우와 두루미는 차이와 차별을 구분하지 못해서 오해가 생기고 복수를 하게 되었다. 그런데 복수는 상대방에게만 해를 끼치는 것이 아니라 자신도 다치게 한다. 결국 차이와 차별을 구별하는 것은 타인을 배려하는 차원이 아니라 자신을 배려하는 것이다. 예문 2를 보면 이순신 장군이 명나라 장군진린 입장을 배려함으로써 결국 자신에게도 도움이 되었다.

갈등은 상대가 남이란 사실을 서로 인정하지 않는 데서 비롯된다. 그러므로 갈등을 극복하기 위해서는 남과 차이를 인정하고 그 바탕 위에서 서로 협력해야

한다. 서로의 차이를 인정하지 않으면 두루미와 여우처럼 오해가 싹튼다. 그런 오해가 갈등 원인이다. 여우와 두루미는 우리들에게 상대를 배려하고 존중하는 인간관계 중요성에 대해 시사하며 아무리 호의라 하더라도 상대를 배려하지 않는 것은 참으로 무의미하다는 것을 다시 한 번 생각하게 한다. 원만한 대인 관계는 서로가 상대방 생활 방식을 이해하든지 아니면 생활 방식을 같이 하려는 배려에서 시작된다.

서로 다른 사고와 기준을 가진 사람들이 함께 같은 길을 찾기는 쉽지 않다. 그러나 나와 다른 사고, 문화, 처지도 존중하며 상대방 입장을 배려해 주는 '역지사지(易地思之)' 자세로 대한다면 모든 갈등은 해소될 것이다. 타인에 대한 진정한 이해는 차이를 인정하는 데서 시작되기 때문이다.

## ❹ 올바른 세계화 방법

1. 예시

| | 비교 | 대조 |
|---|---|---|
| 예문 1 | • 세계화는 현재 진행형이다.<br>• 세계화는 장점을 가지고 있다.<br>• 정보 통신 기술 발달로 세계화가 가속화되고 있다. | • 우리 몸은 공간에 의해 제약을 받고 있지만, 세계화를 통해서 우리가 맺는 사회적 관계는 이러한 제약에서 벗어날 수 있게 되었다.<br>• 인터넷이 등장하면서 시간과 공간이 가지는 한계를 넘어 세계화를 더욱 확대시키고 있다.<br>• 세계화는 정보화를 통해 공동체 의식을 지닌 세계 시민으로서 살아가는 것을 가능하게 했다. |
| 예문 2 | | • 세계화는 경쟁력을 지니지 못한 개발도상국에게 오히려 피해를 주고 있다.<br>• 지구촌적 삶이란 이름 아래 각 민족이 가진 문화적 독창성을 약화시킬 염려도 있다.<br>• 정보 사회에서 사람들은 지나친 정보로 자신이 주인이 되지 못하고 오히려 정보에 의해 좌우되며 정체성을 잃는 경향이 있다.<br>• 정보가 가지는 중요성에 따라 빈부 격차가 크게 벌어질 수 있다. |

2. 예시 세계화란 세계 여러 나라가 서로 의존성이 늘어남에 따라 단일한 사회 체제로 나아가고 있는 현상을 말한다. 즉 전 세계가 하나로 연결되고, 그 속에서 서로에 대한 의존성이 더욱 늘어남을 뜻한다.

3. 예시 오늘날 여러 나라는 발전 단계에 따라서 현실적 과제가 서로 다르고, 또 지역에 따라 발전 편차가 크기 때문에 국가 장래를 일률적으로 말하기는 어렵다. 예를 들어 아시아, 아프리카 등에 있는 제3세계 국가들은 아직도 국가 형성과 산업화라는 근대적 과제에 매달려 있다. 또 냉엄한 국제 경쟁 사회에서 이기려면 사회 간접 자본을 축적하고 인적 자본을 개발하는 등 국가 차원에서 해결해야 할 많은 문제가 남아 있는 것이 현실이기 때문이다. 산업 혁명 이후 국가와 지역 간의 기술력과 경제력의 차이 심화로 인해 유럽·북아메리카 지역과 아시아·아프리카 지역 간 격차가 심하게 벌어지고 있다.

4. 세계화 시대에 대응하며 생존하기 위해서는 국제 경쟁력의 제고와 더불어 상호 협력할 수 있는 국민들 의식과 제도를 개선해야 한다고 생각한다. 세계화라면 언뜻 외국어를 더 배우고, 법률과 제도를 국제적 틀에 맞게 손질하는 것이라고 생각할 수 있다. 하지만 제대로 된 세계화는 무엇인가 크게 손질을 해야 하는 것이 아니라 잘못된 것을 고쳐 가며, 합리적인 세상을 만들어 가는 것이다. 문제는 그동안 우리 사회에 합리적이지 못한 부분이 너무 많았다는 사실이다. 비합리적인 것을 합리적인 것으로 바꾸어 놓는 작업을 먼저 해야 하는 것이 세계화 작업이다.

**예시**

주제문: 국민들 의식과 제도를 개선해야 한다.

　세계화란, 국제 사회에서 여러 나라에 대한 상호의존성이 늘어남에 따라 세계가 단일한 사회 체제로 나아가고 있는 현상을 말한다. 즉, 전 세계가 하나로 연결되고, 그 속에서 서로에 대한 의존성이 더욱 늘어남을 뜻한다.

　세계화는 나라마다 다르고 그에 따른 장단점을 지니고 있다. 오늘날 여러 나라들은 그 발전 단계에 따라서 현실적 과제가 서로 다르고, 또 지역에 따라 발전 편차가 크기 때문에 국가 장래를 일률적으로 말하기는 어렵다. 예를 들어 아시아, 아프리카 등 제3세계 국가들은 아직도 국가 형성과 산업화라는 근대적 과제에 매달려 있다. 또 냉엄한 국제 경쟁 사회에서 이기려면 사회 간접 자본을 축적하고 인적 자본을 개

발하는 등 국가 차원에서 해결해야 할 많은 문제가 남아 있는 것이 현실이기 때문이다.

　우리 몸은 공간에 의해 제약을 받고 있지만, 세계화를 통해 우리가 맺는 사회적 관계는 이러한 제약에서 벗어날 수 있게 해주었다. 인터넷이 등장하자 시간과 공간이 가지는 한계를 넘어 세계화는 더욱 확대되었고, 정보화를 통해 공동체 의식을 지니게 해주었다. 반면 세계화는 경쟁력을 지니지 못한 개발도상국에게 오히려 피해를 주고 있고 지구촌적 삶이란 이름 아래 각 민족이 가진 문화적 독창성을 약화시킬 염려도 있다. 또 정보 사회에서 사람들은 지나친 정보로 자신이 주인이 되지 못하고 오히려 정보에 의해 좌우되며 정체성을 잃는 경향이 있다. 정보가 가지는 중요성에 따라 빈부 격차가 크게 벌어질 수 있다. 세계화 시대에 대응하며 생존하기 위해서는 국제 경쟁력의 제고와 더불어 상호 협력할 수 있는 국민들 의식과 제도를 개선해야 한다고 생각한다. 세계화라면 언뜻 외국어를 더 배우고, 법률과 제도를 국제적 틀에 맞게 손질하는 것이라고 생각할 수 있다. 하지만 제대로 된 세계화는 무엇인가 크게 손질을 해야 하는 것이 아니라 잘못된 것을 고쳐 가며, 합리적인 세상을 만들어 가는 것이다. 문제는 그동안 우리 사회에 합리적이지 못한 부분이 너무 많았다는 사실이다. 비합리적인 것을 합리적인 것으로 바꾸어 놓는 작업을 먼저 해야 하는 것이 세계화 작업이다.

## ❺ 위험한 직업에 종사하는 사람들

1. **예시**

| | 비교 | 분석 |
|---|---|---|
| 예문 1 | • 대의를 위한 숭고한 마음이 깃들어 있는 직업이다. <br>• 소방관과 종군기자 모두 다른 직업들에 비해서 개인 희생이 클 수 있는 직업이다. | • 소방관은 국가 공무원으로 주어진 임무가 화재를 예방하고 화재 발생 시 문제를 해결하는 것이다. <br>• 소방관은 구급 활동이나 화재 진압 등을 통해 국민들 재산을 보호하고 인명을 구하는 등 직접적인 도움을 준다. |
| 예문 2 | | • 종군기자는 전쟁이 발생했을 시에만 하는 특수 임무이다. <br>• 종군기자는 전쟁이 갖는 참혹함을 전해주어 전쟁 중단이나 전쟁 재발 방지 등 평화 분위기를 만드는 간접적인 역할을 한다. |

2. (1) 재산을 보호할 수 있고 위기 상황에서 도움을 받을 수 있다.

　　(2) 전쟁이 가지는 잔인함과 참혹함을 보고 평화가 왜 중요한지 깨달을 수 있다.

　　(3) 대의를 위해 개인을 희생할 수도 있다는 숭고한 정신을 깨달을 수 있다.

**예시**

주제문: 목숨 바쳐 일하는 숭고한 정신을 높이 헤아려야 한다.

　세상에는 여러 가지 직업이 있고 선택하는 기준도 다양하다. 소방관과 종군기자 모두 다른 직업들에 비해서 개인 희생이 큰 직업이다. 소방관들은 화재로 인한 피해 규모를 줄이며 인명을 구하고, 종군기자는 전쟁이 갖는 참혹함을 전해줌으로써 인간 스스로 전쟁에 대한 반성을 하도록 만들기 때문에 의미 있는 직업이다. 그러나 그것을 수행하는 과정에서 개인이 처하는 위험뿐만 아니라 그로 인해 가족과 주변인들에게 상처를 남긴다는 점에서 다른 직업에 비해 희생이 크다고 할 수 있다.

　화재나 전쟁은 모두 인간이 살아가면서 겪게 되는 큰 재앙이다. 이러한 재앙을 해결하는 데 앞장서서 활동하는 사람들이 소방관과 종군기자라고 할 수 있다.

　소방관은 국가 공무원으로 주어진 임무가 화재를 예방하고 화재 발생 시 문제를 해결한다. 소방관은 구급 활동이나 화재 진압 등을 통해 국민들 재산을 보호하고 인명을 구하는 등 도움을 준다. 종군기자는 전쟁이 났을 때만 하는 특수 임무이지만, 전쟁이 갖는 참혹함을 전해주어 전쟁 중단이나 전쟁 재발 방지 등 평화 분위기를 만드는 역할을 한다. 이러한 두 직업은 자신이 위기에 처했을 때 도움을 줄 수 있는 존재가 있다는 것과 전쟁이 가지는 잔인함과 참혹함을 보고 평화가 왜 중요한지 깨닫게 한다. 더불어 대의를 위해 개인을 희생할 수도 있다는 숭고한 정신을 깨달을 수 있게 해 준다.

　사람은 살아가면서 여러 가지 직업을 가질 수도 있고 하나만 가질 수도 있다. 그리고 직업을 가지는 이유가 기본적인 생계 유지를 위한 방편일 수도 있다. 하지만 생계를 뛰어넘어 더 큰 뜻을 위한 직업도 있다는 것을 알고 그들이 가진 숭고한 정신을 이해하며 높이 사줄 때 더 따뜻한 사회가 될 수 있을 것이다.

## 6 친일 청산 문제

1. **예시**

|  | 비교 | 대조 |
|---|---|---|
| 예문 1 | • 친일 행위를 했다.<br>• 친일 행위에 대한 자기 입장이 있다. | • 생계를 위해, 돈을 벌기 위해 일한 것일 뿐 친일이라 하는 것은 억울하다.<br>• 다른 국민도 비슷했다고 생각하기에 나는 당당하다. |
| 예문 2 |  | • 내 직업에서 어쩔 수 없었지만 그것은 반역 행위였다는 것을 인정하고 반성하며 쓰레기를 줍고 있다.<br>• 내가 죄 값을 치를 수 있는 일을 찾다가 초등학교 이름을 바꾸는 운동에 참여했다. |

2. **예시** 예문 2처럼 자신이 한 친일 행위를 먼저 인정하는 것이 중요하다. 인정을 해야만 반성도 가능하다. 자신이 그 행위를 뉘우치고 그 마음을 사회에 도움이 될 수 있는 방법으로 실천하는 것이 필요하다.

3. **예시**  직업 때문에 어쩔 수 없이 친일을 하는 경우도 있었을 것이다. 무조건적인 배척과 처벌보다는 친일 행위를 뉘우치는 사람에게는 다른 시각을 갖는 것도 필요하다. 그들을 용서하고 그들이 다시 나라와 사회 일원으로 일할 수 있는 기회를 주어야 한다.

4. **예시**  자신이 한 친일 행위를 일단 인정하는 것이 가장 중요하다. 직업 때문에 어쩔 수 없었다 하더라도 그것은 민족을 배반한 행위였기 때문이다. 물론 무조건적인 친일로 몰아세우는 것보다는 친일 행위에 있어서도 적극적이었는지, 사회적인 영향이 큰 것이었는지 고려해 보아야 한다. 그래서 국가와 민족에게 엄청난 피해를 끼쳤던 친일 행위였다면 그에 맞게 처벌해야 할 것이다. 하지만 그들이 반성한다면 그들이 할 수 있는 한도 안에서 가능한 방법으로 죄 값을 치룰 기회를 주는 것도 필요하다. 올바른 친일 청산은 무조건적인 처벌이 아니라 반성과 용서가 먼저 선행되어야 한다.

**예시**

주제문: 스스로 친일 행위를 인정하고 반성해야 한다.

예문 1을 보면 자신이 가진 직업 때문에 어쩔 수 없이 친일을 했다고 한다. 생계를 위한 일이었고 목숨을 위협받았기 때문에 어쩔 수 없었다고 한다. 그러나 그것은 변명일 수 있다. 왜냐하면 그들은 자신이 더 편하게 잘 살기 위해서 나라와 민족을 배반한 것이었기 때문이다. 시를 통해 학생들을 전쟁터로 내몰고, 성금을 바쳐 전쟁을 지원하는 것은 생계를 위한 것과는 다른 차원이었다.

예문 2를 보면 직업 때문에 일제 정책을 따르기는

했지만 그것을 반성하는 사람도 있다. 자신이 했던 일들이 친일 행위였다고 분명하게 인정했다. 자신이 했던 행동 하나하나를 구체적으로 기억하고 있었으며 그것이 민족 반역 행위였음을 분명하게 밝혔다. 그리고 이것을 가슴 아파하며 스스로 쓰레기를 줍는 것으로 죄 값을 치르려 했다. 어느 누가 벌을 준 것도 아닌데 스스로 그렇게 한 것이다.

이처럼 둘 다 직업 때문에 어쩔 수 없이 친일 행위를 했다고 하더라도 중요한 차이가 있다. 그것은 자신이 한 행동을 인정하고 뉘우쳤는지, 그리고 그에 대해서 어떤 행동을 취했냐하는 것이다.

어떤 사람은 끝까지 잘못을 인정하지 않았다. 또 잘못했다고 인정은 하지만 그것에 대한 변명을 늘어놓기도 했다. 목숨을 위협받았기 때문에, 가족 때문에, 생계 때문에 그랬다고는 하지만 그것은 비겁한 핑계에 지나지 않는다. 왜냐하면 친일 행위는 변명할 여지가 없는 문제이다. 그것은 민족을 배반하고 나라를 배신한 행위였기 때문이다. 친일을 한 것을 인정했다면 그 잘못을 갚을 수 있는 길을 찾았어야 한다. 그것이 진짜 죄를 인정하고 반성하는 모습인 것이다.

올바른 친일 청산은 무조건적인 배척과 처벌이 아니다. 그들은 반성해야 하고 우리는 그것을 받아들이고 용서할 수 있는 용기가 필요하다.

그들이 하는 행위 하나하나는 과거에도 그랬지만 지금도 사회에 미치는 영향이 크다. 그렇기 때문에 그들이 먼저 반성한다면, 어떤 식으로나마 죄 값을 치루는 모습을 보여준다면 친일 청산은 조금이나마 한발 한발 앞으로 나아갈 수 있을 것이다.

## ❼ 다문화 가정 아이들을 대하는 태도

**예시**

| 문제 제기(상황 제시)<br>– 내포(본질)와 외연(현상) | 다문화 가정 아이들을 무시하고 놀리는 경우가 많다. |
| --- | --- |
| 원인 분석<br>– 사회(외부)적 원인<br>– 개인(내부)적 원인 | 1. 왜냐하면 얼굴 생김새가 다르고 말투가 어눌하기 때문이다. |
| | 2. 왜냐하면 그들은 소수이고 약자이기 때문이다. |
| | 3. 왜냐하면 대부분 아버지나 어머니 가운데 한 명이 중국이나 동남아시아 출신이며 가난한 사람이 많기 때문이다. |

| 대안 제시<br>- 사회(외부)적 대안<br>- 개인(내부)적 대안 | 1. 그러므로 외모나 말투로 사람을 판단하지 말아야 한다. |
| | 2. 그러므로 소수를 존중하고 약자를 보호해 주어야 한다. |
| | 3. 그러므로 부모 가운데 한 명이 외국인이고 가난하더라도 무시하지 말아야 한다. |
| 반대<br>- 대안에 대한 반발과<br>  부작용 | 1. 그렇지만 생김새가 다르면 자꾸 눈길이 가는 것은 어쩔 수 없다. |
| | 2. 그렇지만 어른들도 무시하고 아이들은 따라한다. |
| | 3. 그렇지만 지저분하고 비용이 필요한 놀이는 함께하지 못한다. |
| 극복<br>- 그 반발도 극복하면서<br>  문제를 해소할 방법 | 1. 그렇다면 외모보다는 성격이나 마음가짐으로 사람을 판단하는 습관을 키우면 된다. |
| | 2. 그렇다면 어른들이 먼저 행동을 고치고 아이들에게 가르치면 된다. |
| | 3. 그렇다면 깨끗하게 다닐 수 있도록 도와주고, 비용이 들지 않는 놀이를 하면 된다. |
| 최종 결론<br>- 전체 정리와 마무리 | 　　해외 교류가 늘어나고 결혼에 대한 생각들이 바뀐 만큼 다문화 가정 아이들도 차별받지 않고 사회 일원으로 살아갈 수 있도록 모두가 노력해야 한다. |

### 예시

주제문: 다문화 가정 아이들도 차별받지 않고 우리 사회 일원으로 살아갈 수 있도록 모두 노력해야 한다.

　국제결혼을 하는 사례가 점점 늘어나고 있다. 최근 20년 동안 결혼한 열 쌍 중 한 쌍이 국제결혼이라고 하며, 농촌 총각이 하는 결혼은 세 쌍 중 한 쌍이 국제결혼이라고 한다. 결혼에 대한 생각이 바뀌고 해외 교류가 늘어난 까닭이다. 이처럼 국제결혼이 부쩍 늘면서 다문화 가정도 늘어나고 있다. 다문화 가정은 서로 다른 국적 또는 문화의 사람이 만나 이룬 가정을 말한다. 하지만 다문화 가정 아이들은 무시나 놀림을 당하는 경우가 많고, 학습이나 의사소통 문제 등으로도 어려움을 겪는 경우가 많다고 한다.

　원인을 살펴보면 먼저 생김새가 다르다는 것이다. 오랫동안 단일 민족이라고 생각하며 살아와 혼혈인에 대해 익숙하지 않고 낯설어 하기 때문이다. 다름을 다름으로 인정하기보다는 이상함으로 보는 경우가 많다. 물론 외모로 사람을 판단하지 말아야 한다고 배우지만, 일상생활 속에서 실천이 되지 않는 경우도 많다. 자기 둘레 사람들과 다른 생김새를 한 사람이 있으면 자꾸 눈이 가고 놀리게 되는 것이다. 외모보다는 성격이나 마음가짐을 통해 사람을 판단하는 습관을 길러야 한다.

　다음으로 다문화 가정이 늘어났다고 하지만 아직까지는 소수에 불과하기 때문이다. 우리나라 사람들은 약자에게는 강하고 강자에게는 약한 경우가 있는데, 이들은 약자에 속하기 때문이다. 소수를 존중하고 약자를 보호하는 사회가 발전된 사회이다. 어른들도 자기보다 부족해 보이는 사람이 있으면 무시하기 일쑤다. 어른들이 먼저 모범을 보여야 아이들이 나쁜 모습을 따라하지 않고 제대로 배울 수 있을 것이다.

　마지막으로 부모가 대부분 맞벌이를 하고 형편이 넉넉하지 않아 아이들에게 제대로 신경을 쓰지 못하기 때문이다. 부모가 가난하고 아이에게 많은 신경을 쓰지 못하더라도 함께 어울려서 잘 놀아야 한다. 지저분하다고 멀리하고 비용이 필요한 놀이에 함께하지 못한다고 따돌려서는 안 된다. 서로 부족한 부분을 채워주면서 함께 할 수 있는 놀이를 찾아 하면 된다.

　세상은 점점 바뀌고 있다. 해외 교류가 늘어나고 국제결혼을 특별하게 받아들이는 사람도 줄어들고 있다. 이렇듯 변화된 현실에 맞게 다문화 가정 아이들에 대한 시선도 바꾸어 함께 사는 사회를 만들어가야 할 것이다.

## 8 재난을 대비하는 방법

**예시**

| 문제 제기(상황 제시)<br>– 내포(본질)와 외연(현상) | 우리나라도 지진 안전지대가 아니다. 자연재해인 지진 발생을 막을 수 없기에 지진 발생에 대한 대비를 해야 한다. |
|---|---|
| 원인 분석<br>– 사회(외부)적 원인<br>– 개인(내부)적 원인 | 1. 우리나라도 일본처럼 움직이는 판 가까이에 있는 나라다. |
| | 2. 판 경계가 점점 우리나라 쪽으로 오고 있어서 지진 발생 가능성이 높아진다. |
| | 3. 일본은 건축물에 내진 설계 강화 등 대비를 해왔지만, 우리는 안전지대라고 지진 대비에 소홀했다. |
| 대안 제시<br>– 사회(외부)적 대안<br>– 개인(내부)적 대안 | 1. '민방위의 날'에 지진 대비 훈련도 포함해서 모든 국민이 참여하도록 해야 한다. |
| | 2. 판이 어떻게 움직이나 늘 주시해서, 지진을 빨리 알릴 수 있는 시스템을 갖추어야 한다. |
| | 3. 건물을 지을 때 내진 설계를 강화해야 한다. |
| 반대<br>– 대안에 대한 반발과 부작용 | 1. 길을 막고 차를 막으면서 하는 민방위 훈련은 불편하다. |
| | 2. 우리나라는 지진으로 인한 피해가 크지 않은 나라인데, 언제 일어날 지도 모르는 지진을 감지하기 위해 많은 인력과 경비를 들이는 것은 낭비다. |
| | 3. 건축비 증가로 건물을 짓기가 어려워진다. |
| 극복<br>– 그 반발도 극복하면서 문제를 해소할 방법 | 1. 생명이 걸린 문제인데, 불편하더라도 대비 방법을 몸에 익혀야 한다. |
| | 2. 그래도 조기 경보 시스템을 갖춘다면 큰 피해를 줄일 수 있다. |
| | 3. 그렇더라도 지진 자체보다 건물 붕괴와 화재로 인한 인명 피해가 훨씬 많기 때문에 반드시 내진 설계로 건물을 지어야 한다. |
| 최종 결론<br>– 전체 정리와 마무리 | 지진을 막을 수는 없다. 그래서 지진 대비 훈련을 강화, 지진 예고 시스템 마련, 지진에 견딜 수 있는 건물을 짓는 등 철저한 대비책을 마련해야 한다. |

**예시**

주제문: 유비무환 정신으로 재난에 대비해야 한다.

지진은 지구 표면에 있는 판 경계가 부딪쳐 일어나는 재해로, 일본과 가까이 있는 우리나라도 지진 안전지대가 아니다. 자연재해인 지진 발생을 막을 수는 없기에 철저한 대비로 피해를 최소화해야 한다.

판 경계에 있어 지진이 자주 발생하는 일본은 1995년 고베 대지진 때 6천 4백여 명에 달하는 사상자를 냈고, 2004년 쓰나미(해일)를 동반한 지진으로 인도네시아는 무려 23만 2천여 명의 사상자를 냈다. 일본은 지진에 견딜 수 있는 내진 설계로 건물을 지어 지진 피해를 최소화하려는 노력을 하고 있지만, 과거 지진 피해가 적었던 우리나라는 지진 대비를 소홀히 해 왔다. 판 경계가 점점 우리나라 쪽으로 오고 있어 지진 발생 가능성이 높아지고 있는 지금 시급하게 대책을 마련해야 한다.

국가에서는 지진 대비 훈련을 포함한 민방위 훈련

을 모든 국민이 참여하도록 해, 대피 요령과 인명 구조 요령 등을 익힐 수 있도록 해야 한다. 통행을 막아 생활에 불편을 주기는 하지만, 생명이 걸린 문제이므로 불편하더라도 대비 방법을 몸에 익히도록 국민을 설득하고 알려야 한다.

또 지진을 빨리 알릴 수 있는 시스템을 갖춰야 한다. 그동안 지진 피해가 크지 않았기에 언제 일어날지도 모르는 지진을 감지하기 위해 많은 인력과 경비를 들이는 것이 자칫 낭비로 보일 수 있으나, 큰 피해를 줄이기 위해서는 대가를 지불할 수밖에 없다.

그리고 건물을 지을 때 내진 설계를 강화해야 한다. 건축비 증가로 건물을 짓는 부담은 커지겠지만, 지진 자체보다 건물 붕괴와 화재로 인한 인명, 재산 피해가 훨씬 크기 때문에 반드시 내진 설계로 건물을 지어야 한다.

일본이 다른 국가에 비해 지진 규모가 큰 것에 비해 인명, 재산 피해가 적은 것은 국가가 주도해서 이러한 대비책을 마련하고, 강력하게 따르도록 했기 때문이다.

우리나라도 미리 준비해 걱정을 없애는 유비무환 정신으로 지진에 대비해야 한다. 지진을 막을 수는 없다. 그렇기에 지진 대비 훈련 강화, 지진 등 재난 조기 경보 시스템을 확실하게 갖춰 정보를 신속히 국민들에게 알릴 수 있도록 하고, 지진에 견딜 수 있는 건물을 짓는 등 철저한 대비책을 마련해야 한다.

## ❾ 교육 정책 문제

**예시**

| | |
|---|---|
| 문제 제기(상황 제시)<br>– 내포(본질)와 외연(현상) | 좋은 대학을 가는 것이 목적이라서 무조건 입시 공부만 해야 한다. |
| 원인 분석<br>– 사회(외부)적 원인<br>– 개인(내부)적 원인 | 1. 왜냐하면 고등학교까지 대학을 가는 데만 목표를 두고 입시 공부만 하기 때문이다.<br>2. 왜냐하면 대학에 가는 것이 성공한 인생을 결정한다고 생각하기 때문이다.<br>3. 왜냐하면 좋은 대학을 나와야만 좋은 직장에 취직도 하고 잘 살 수 있기 때문이다. |
| 대안 제시<br>– 사회(외부)적 대안<br>– 개인(내부)적 대안 | 1. 자기 적성에 맞는 공부를 해야 한다.<br>2. 대학을 나오지 않고 성공한 사람도 많으니 생각을 바꾸어야 한다.<br>3. 취직할 때 학력 제한을 없애야 한다. |
| 반대<br>– 대안에 대한 반발과<br>부작용 | 1. 그렇지만 적성에 맞는 공부만 하다 보면 정작 필요한 공부를 할 수 없을 지도 모른다.<br>2. 그렇지만 대학을 안 나오고 성공하기가 대학을 나온 사람보다 더 힘들다.<br>3. 그렇지만 학력을 제한하지 않으면 실력이나 능력을 잘 알 수가 없다. |
| 극복<br>– 그 반발도 극복하면서<br>문제를 해소할 방법 | 1. 하고 싶은 공부와 관련된 과목들을 미리 정해서 체계 있게 공부를 하면 된다.<br>2. 자기가 하고 싶은 일에서 성공할 수 있도록 더 열심히 노력하면 된다.<br>3. 학력 말고도 그 사람이 가진 능력을 알 수 있도록 면접을 더 자세하게 보면 된다. |
| 최종 결론<br>– 전체 정리와 마무리 | 학력을 모든 능력을 가르는 기준으로 삼지 말고 사람마다 가지고 있는 능력을 살펴서 그 분야에서 성공할 수 있도록 교육을 해야 한다. |

주제문: 자기 적성에 맞게 공부해야 한다.

우리나라는 교육 제도에 문제가 많다. 그 가운데에서도 대학을 가기 위해서만 공부하는 것이 가장 큰 문제인 것 같다. 초등학교 때부터 공부만 한다. 그래서 학원도 다녀야 하고 과외도 해야 한다. 쉬는 시간이나 놀 시간도 거의 없다. 공부하는 기계가 되는 것 같다.

공부하는 목적은 좋은 대학에 가기 위한 것이다. 그러다보니 공부 말고 다른 것에 관심을 가질 수도 없고 취미 활동도 할 수 없다.

또 우리나라는 좋은 대학을 나와야 좋은 회사에 취직하고 잘 살 수 있다고 한다. 안 좋은 대학을 나오면 취직도 힘들고 먹고 살기도 힘들다고 한다. 좋은 대학을 가기 위해서는 공부를 잘해야 하니 늘 공부만 하는 것이다.

사람들 대부분은 누구나 좋은 대학을 가는 것이 인생에서 성공하는 지름길이라고 한다. 텔레비전이나 신문에 성공한 사람으로 나오는 경우 대부분 좋은 대학을 나왔다고 한다. 우리 엄마도 늘 좋은 대학을 가느냐 못 가느냐가 성공을 좌우한다고 말한다.

공부하는 기계가 되지 않으려면 대학 입시에 필요한 공부 말고도 여러 가지 취미 활동이나 자기 적성에 맞는 공부를 할 수 있어야 한다. 좋은 대학에 가는 것도 중요하지만 자기가 좋아하고 하고 싶은 일을 하는 것이 더 중요하기 때문이다. 하지만 자기가 좋아하는 공부도 하다 보면 기초 실력이 약해질 수도 있고, 정작 필요한 공부를 못할 수도 있다. 그러므로 하고 싶은 공부와 관련된 과목들을 정해 기초 과목과 필요한 과목을 같이 공부하도록 계획을 잘 짜서 하면 된다. 예를 들어 우주과학에 관심이 있다면 우주과학과 관련된 물리학이나 수학 혹은 영어를 같이 공부하면 기초도 쌓이고 우주과학 공부에도 도움이 될 것이다.

또 대학을 나오지 않았어도 훌륭하게 성공한 사람들도 많기 때문에 꼭 좋은 대학을 나와야 한다는 생각을 바꾸어야 한다. 유명한 가수인 조용필이나 서태지도 대학을 나오지 않았고, 노무현 대통령도 대학을 나오지 않았지만 판사도 되고 변호사도 되고 대통령까지 될 수 있었다. 물론 우리나라가 학력을 많이 따지기 때문에 대학 나온 사람에 비해서 대학 안 나온 사람이 성공하기는 무척 어렵다. 하지만 적성에 안 맞는 공부를 하느라고 시간 낭비하는 것보다 재미있고 적성에 맞는 일을 하게 되면 꼭 성공하지 못한다 하더라도 즐겁게 살 수 있을 것 같다.

그리고 좋은 대학을 가지 않으면 안 된다고 생각하는 이유 가운데는 취직할 때 학력을 보고 뽑는 회사가 많다는 것도 있는데 학력 제한을 없애도록 하면 누구나 대학을 가야 한다는 생각을 하지 않게 될 것이다. 물론 학력 제한이 사라지면 사람을 뽑을 때 실력을 알아내기가 힘들 수도 있다. 그럴 때는 면접을 철저하게 한다거나 다른 자격증 같은 것을 참고로 하면 된다. 예를 들어 면접을 볼 때 수행 과제를 주어 해결하는 능력을 본다던지 하면 학력보다 더 중요한 능력이 어느 정도인지 알 수 있게 될 것이다.

사람마다 능력이 다르고 적성이 다른데 대학 입시 때문에 무조건 모든 과목 공부를 죽도록 하라고 하는 것은 좋은 교육 방법이 아니다. 그리고 학력을 능력이라고 생각하는 것도 좋지 않다. 자기 능력과 적성에 맞는 공부를 하도록 해서 자기 분야에서 성공할 수 있는 사람이 될 수 있게 교육을 해야 한다.

**10 고려인 문제**

**예시**

| 문제 제기(상황 제시) – 내포(본질)와 외연(현상) | 지난 1991년 소련이 해체되면서 고려인은 국적이 없는 유랑민으로 떠돌고 있다. |

| 원인 분석<br>－사회(외부)적 원인<br>－개인(내부)적 원인 | 1. 왜냐하면 다른 소수민족과 달리 귀국할 수 있는 프로그램이 없기 때문이다. |
| | 2. 왜냐하면 정부가 고려인을 동포로 인정하지 않기 때문이다. |
| | 3. 왜냐하면 러시아 국적 취득도 어렵고, 한국인이 될 수 있는 길도 없기 때문이다. |
| 대안 제시<br>－사회(외부)적 대안<br>－개인(내부)적 대안 | 1. 고려인 귀국 프로그램을 만들어야 한다. |
| | 2. 일제 강점기 독립 운동을 위해 애썼던 후손들이므로 동포로 인정해야 한다. |
| | 3. 한국 정부가 나서서 한국인이 될 수 있는 길을 마련해야 한다. |
| 반대<br>－대안에 대한 반발과<br>부작용 | 1. 그렇지만 프로그램을 만들기에는 재원이 부족하다. |
| | 2. 그렇지만 연해주에서 활동했던 독립운동가만 있는 것이 아니다. 따지고 보면 조선족도 마찬가지다. |
| | 3. 그렇지만 정부에서 나서다 보면 비슷한 경우를 가진 많은 사람들이 한국 국적을 취득하기 위해 혼란이 일어날 수도 있다. |
| 극복<br>－그 반발도 극복하면서<br>문제를 해소할 방법 | 1. 기업이나 민간단체들로부터 지원을 받는다. |
| | 2. 정부가 중앙아시아에 있는 고려인들이 겪고 있는 참상을 홍보해 적극적으로 나설 수밖에 없는 까닭을 알린다. |
| | 3. 국적 취득보다는 러시아와 외교적 노력을 통해서 그곳에서 정착할 수 있는 방안을 모색해 본다. |
| 최종 결론<br>－전체 정리와 마무리 | 중앙아시아에서 힘겨운 삶을 살고 있는 고려인은 대부분 일제 강점기 때 우리나라 독립을 위해 애쓰던 사람들 후손이다. 정부는 재원을 마련하든가 기업으로부터 협조를 얻어 그들이 러시아든 한국이든 정착할 수 있도록 프로그램을 만들어야 한다. |

**예시**

주제문: 고려인 문제는 우리 정부가 적극적으로 나서야 한다.

　지난 1991년 소련이 해체되면서 중앙아시아에서 머물던 고려인은 국적이 없는 유랑민이 되어 버렸다. 러시아 국적을 취득하기가 쉽지 않고, 다른 소수 민족과 달리 귀국할 수 있는 프로그램이 없는데다 정부가 고려인을 동포로 인정하지 않기 때문에 한국인이 될 수 있는 길도 없는 등 여러 가지 문제를 안고 있다.

　그러나 이동통신회사가 취했던 일련의 조치들을 보면 고려인 문제를 해결하는 것이 그리 어려운 것만은 아닐 듯하다. 그들은 일제 강점기 독립운동가 후손들이므로 동포로 인정해야 하며 적극적으로 귀국 프로그램을 만들어야 한다. 이는 한국 정부가 나서야 할 일이다. 프로그램을 만들기에 부족한 재원은 기업 이미지 상승 효과를 누릴 수 있도록 기업에 협조를 구하면 된다. 정부나 기업이 모든 책임을 지기에는 부담스러우니 서로 협조를 하는 것이다. 여러 가지 어려운 점도 있겠지만 지속적으로 정부가 중앙아시아에 있는 고려인들이 겪고 있는 참상을 홍보해 적극적으로 나설 수밖에 없는 까닭을 알려나간다.

　또 그들이 귀국하더라도 언어 문제로 한국에서 힘들게 살아갈 수 있으므로 러시아에서 정착할 수 있도록 프로그램을 운영하는 것도 좋은 방법일 것이다. 정부에서 지속적인 관심을 가지고 한국 문화와 한국어가 발전할 수 있도록 지원하는 것이다. 또 고려인들이 이주하는 주요 지역에 정보 센터 운영 및 적응하는 데 도움을 줄 수 있도록 해야 한다. 그리고 고려인들에게 취업과 학업을 위해 한국으로 자유롭게 올 수 있는 기회를 제공하여 세계 속에서 자리 잡을 수 있도록 여러 노력을 기울여야 한다.

## 11 의로운 일을 한 사람에 대한 보상 문제

예시

| 문제 제기(상황 제시)<br>– 내포(본질)와 외연(현상) | 남을 돕는 일을 하고도 손해를 보는 경우가 많다. |
|---|---|
| 원인 분석<br>– 사회(외부)적 원인<br>– 개인(내부)적 원인 | 1. 왜냐하면 남을 돕다가 나쳐도 보상받을 별다른 방법이 없기 때문이다.<br>2. 왜냐하면 그 상황을 이용해서 나쁜 짓을 하는 사람들도 있기 때문이다.<br>3. 왜냐하면 사람들이 잠깐 갖는 관심은 별다른 도움이 되지 못하기 때문이다. |
| 대안 제시<br>– 사회(외부)적 대안<br>– 개인(내부)적 대안 | 1. 사회적으로 보상받을 수 있는 제도를 만들어야 한다.<br>2. 자신이 손해를 보지 않는 범위 내에서만 남을 도와야 한다.<br>3. 지속적인 관심과 도움을 주어야 한다. |
| 반대<br>– 대안에 대한 반발과<br>  부작용 | 1. 그렇지만 의로운 일에 대한 기준을 잡기가 어려울 수도 있다.<br>2. 그렇지만 남을 돕는 사람이 점점 없어질 수도 있다.<br>3. 그렇지만 지속적인 관심은 부담과 불편함이 될 수도 있다. |
| 극복<br>– 그 반발도 극복하면서<br>  문제를 해소할 방법 | 1. 국민들 의견을 구해서 의로운 사람에 대한 기준과 보상을 체계적으로 할 수 있도록 법을 만들도록 한다.<br>2. 남을 돕는다는 것이 좋은 일이라는 사회적 공감대를 많이 형성하도록 한다.<br>3. 실질적으로 도움이 될 수 있게 관심을 가지고 도움을 주도록 한다. |
| 최종 결론<br>– 전체 정리와 마무리 | 사회에서 의로운 일을 하는 사람들이 손해를 보지 않도록 보상을 법으로 정하고 그들에게 필요한 도움과 관심을 줄 수 있도록 해야 한다. |

예시

주제문: 의로운 희생에 맞는 보상을 해주어야 한다.

남을 돕는 일을 하고도 손해를 보는 경우가 많다. 몸을 다치기도 하고 남을 돕다가 오히려 나쁘게 이용 당하는 경우도 있다. 그래서 남을 돕는 일이 위대하기는 하지만 자기가 그렇게 하고 싶지는 않다는 사람도 많아진 것 같다.

그 원인을 살펴보면 남을 돕다가 다쳐도 보상을 받을 별다른 방법이 없기 때문이다. 의사자로 인정해주거나 모범 시민상이라는 명예를 얻는 경우도 있으나 그런 것들이 손해를 입은 사람들에게 큰 도움이 되는 것은 아니다.

또 남을 돕는 상황을 이용해서 나쁜 짓을 하는 사람들도 있어서 손해를 보기도 한다. 예를 들어 보상 금을 노린 사람도 있고, 남을 돕는 동안에 물건을 도난당하는 피해를 입기도 한다.

일반 사람들이나 언론이 가지는 관심은 실제로 큰 도움이 되지 못하기도 한다. 며칠 동안 언론에서 떠들썩하게 다루지만 얼마 지나지 않아 모두 다 잊어버리기도 하고, 훌륭한 사람이라고 칭찬은 하지만 그 사람이 입은 손해에 대해서 별다른 얘기가 없는 경우가 많다.

그래서 남을 돕다가 다치거나 손해를 입으면 보상 받을 수 있는 법을 강화해야 한다. 명예보다는 그 사람이 다시 사회에서 활동할 수 있거나, 그 사람이 입은 손해를 보상받을 수 있는 실제적인 제도가 있어야 한다. 물론 남을 돕다가 손해를 보는 기준 자체가 애매해질 수도 있다. 어느 선까지 남을 돕는 것인지, 어느 정도 보상을 해야 하는 것인지 정하기가 어려울

수도 있다. 그러므로 이것을 전문가가 연구하고, 국민들 의견을 들어서 합당한 기준으로 체계적인 법을 만들어야 한다. 예를 들어 몸이 상해서 일을 못하게 되었을 경우에는 평생 일정한 연금을 지급하는 방법도 있다.

또 자신이 손해 보지 않는 범위 안에서 남을 돕는 것도 필요하다. 자신이 가능한 만큼 남을 도와야 한다. 마음만 앞서서 남을 돕다가 오히려 자기 삶에 손해를 끼쳐 괴로워하며 산다면 남을 잘 도운 것이라 할 수 없을 것이다. 물론 그러다가 자기 생각만 하고 남을 돕는 사람이 점점 없어질 수는 있다. 하지만 남을 돕는다는 것이 좋은 일이라는 사회적 공감대를 많이 형성하고 손해를 좀 봐도 그 손해 정도를 극복하고 회복할 수 있는 여건이 갖추어져 있는 사회라면 그것도 괜찮을 것이다.

남을 돕는 일에 대해서 사람들이나 사회가 지속적인 관심과 도움을 주어야 하지만 그런 것들이 도움이 되지 않고 오히려 부담이 될 수도 있다. 며칠 동안 언론에서 훌륭한 사람이라고 마구 떠들지만 실제로 많은 도움을 받지 못하는 경우도 많다고 한다. 또 사람들에게 관심 대상이 되는 만큼 본인이나 가족들은 부담이 될 수도 있는 것이다. 그래서 그들에 대한 관심이 실질적인 도움이 될 수 있게 해야 한다. 옳은 일을 했다가 손해를 본 많은 의로운 사람들이 사회에 적응할 수 있는 실질적이고 구체적인 도움과 관심이 필요한 것이다.

자기를 희생해 다른 사람을 돕는 사람은 사회에서 필요한 사람이다. 의로운 사람들이 손해를 보지 않는 사회가 되어야 하고 손해를 보았다면 그에 맞는 보상을 해 주어야 한다.

## 12 빨리빨리 문화

예시

| | |
|---|---|
| **서론**<br>–마라톤 경기 방법과<br>빨리빨리 문화 소개 | 　마라톤 우승자는 최고 기록을 내는 사람이다. 그러나 최고 기록을 내기 위해서는 자기 체력을 감안해서 속도를 조절해야 하고, 적당한 수분을 섭취해야 한다.<br>　우리나라는 1970년대 초 성장 제일주의로 인해 '빨리빨리' 문화가 퍼졌고 그 부작용을 겪고 있다. |
| **빨리빨리 문화가 나오게<br>된 배경 및 장점** | 1. 근대화 과정을 거치면서 빠른 경제 성장에 치중했다. |
| | 2. 보릿고개를 극복하고 중진국으로 진입하려고 했다. |
| | 3. 컴퓨터와 디지털 기술 발달로 IT강국으로 떠올랐다. |
| **비판**<br>–빨리빨리 문화가<br>갖고 있는 문제점 | 1. 과정을 무시하고 결과만을 중시하는 개인주의, 한건주의가 거세졌다. |
| | 2. 패스트푸드를 선호하게 되어 비만 등 질병이 증가했다. |
| | 3. 성수대교와 삼풍백화점이 붕괴되었다. |
| **해결 방안** | 1. 과정을 중시하는 문화가 정착되어야 한다. |
| | 2. 개인주의에서 벗어나 협동하고 합심하는 노력이 중요하다. |
| | 3. 완벽한 결과를 추구하는 '슬로우 문화'를 전개해야 한다. |
| **최종 결론**<br>– 전체 정리와 마무리 | 　마라톤 우승자가 최고 기록을 내기 위해 무리하지 않고 속도를 조절하면서 경기를 하듯이, 우리나라도 진정한 신진국이 되기 위해서는 극단적인 성장 제일주의에서 벗어나 과정을 중시하고 완벽을 추구하는 슬로우 운동을 전개해야 한다. |

주제문: 이제 '슬로우 문화'를 정착시키자.

42,195km를 뛰는 마라톤 선수가 우승하기 위해서는 더위 속에서, 추위 속에서, 가파른 언덕길 등 여러 가지 악조건 속에서도 자기 체력을 감안한 속도 조절과 적당한 수분 섭취가 꼭 필요하다. '빨리빨리 문화'는 이러한 점을 간과했다. 속도 조절을 무시하고 앞만 보고 내달렸고, 적당한 휴식도 없이 뛰어온 결과로 IMF라는 국가 부도 사태를 맞기도 했다.

물론 1960년대 보릿고개를 넘기 위해 시작된 경제 개발 계획은 우리나라를 크게 발전시켰다. 군사 독재 시절이었기에 가능한 것이었지만, 우리나라는 '경제 개발 5개년 계획'에 따라 눈부시게 빠른 성장을 거듭해 왔다. 보릿고개를 넘었고, 이제 국민 소득 3만 달러를 넘어선 세계 제10위 안에 드는 경제 대국으로 발전한 것이다. 특히 이 과정에서 생겨난 '빨리빨리 문화'로 우리나라는 컴퓨터와 디지털 기술 발달을 이루어 IT 강국으로 떠올랐다.

그러나 '빨리빨리 문화'는 지나친 성장주의와 치열한 경쟁, 과정보다는 결과를 중요시하면서 여러 가지 부작용이 발생했다. 패스트푸드를 선호하면서 비만 등 질병이 급증했고, 자기 자신만 생각하는 극단적인 개인주의가 퍼졌다. 부실 공사로 인한 성수대교와 삼풍백화점 붕괴 사고 등이 그 예이다.

이제 '빨리빨리 문화'는 걷어내고, 결과보다는 과정을 중시하는, 그래서 완벽한 결과를 추구하는 '슬로우 문화'로 바뀌어야 한다. 최근 세계적으로도 주목하고 있는 '슬로우 푸드' 운동은 속도에 쫓기는 인류가 여기에서 벗어나려면 식탁에서부터 속도를 제거해야 한다는 것이다. 여러 질병을 일으키는 원인이 되는 패스트푸드를 추방하고 토속 음식이 갖고 있는 맛과 향을 재발견하고, 전통 음식을 보존해 땅과 환경을 보호하자는 운동이다.

우리도 마라톤 선수가 자기 체력을 감안해서 속도를 조절하고 적당히 수분을 섭취하듯이, '빨리빨리'가 아니라 경제 체질을 감안하고 적당한 휴식을 취하면서 환경도 생각하는 '슬로우 운동'을 전개해야 할 때이다.

## ⑬ 올바른 결정 방법

1. 예시

|  | 비교 | 대조 |
|---|---|---|
| 만장일치 제도 | • 여러 사람이 참여하는 의사결정 방법이다.<br>• 구성원은 결정에 따라야 한다. | • 한 사람이라도 반대하면 무효다.<br>• 모두가 찬성할 때까지 의결을 계속해야 하므로 시간이 많이 걸린다.<br>• 의결권자가 많을 경우 결정하기 힘들다. |
| 다수결 제도 |  | • 다수가 원하는 대로 결정된다.<br>• 소수 의견이 무시된다.<br>• 빠르게 결정할 수 있다.<br>• 절대 다수결, 특별 다수결도 있다. |

2. 예시 모두가 만족하는 만장일치 제도가 바람직하지만, 개인 혹은 특정 집단이 입장을 달리하여 대립할 때는 만장일치로 결정하는 것은 불가능하다. 그러므로 많은 사람이 빠른 결정을 하기 위해서는 다수결 제도가 올바른 방법이라고 생각한다.

3. **예시** 다수 의견이라고 해서 합리적인 선택을 했다고 단정할 수 없고, 결정에 찬성하지 않은 소수가 반대 세력으로 힘을 합칠 수도 있다. 그러므로 의결 전에 충분한 토론을 해서 소수 의견을 최소화하도록 노력해야 하고, 다양한 방법으로 소수 의견도 반영될 수 있도록 해야 한다.

**예시**

주제문: 다수결로 의결해야 한다.

어떤 집단에서 안건에 대한 결과를 얻고자 할 때, 만장일치 혹은 다수결 원칙에 따라 의사를 결정하고, 구성원들은 그 결정에 따라야 한다.

만장일치 제도는 구성원 모두가 뜻을 같이 해서 만족하는 결정을 하는 것이다. 신라 시대 화백 제도는 왕권에 맞서는 힘을 갖추기 위해 만장일치 제도를 선택했고, UN(국제연합) 안전보장이사회는 국제 평화 유지 문제에 있어서 상임이사국인 5개국이 뜻을 같이 하지 않으면 사실상 무의미하므로 만장일치 제도를 택하고 있다. 하지만 한 사람이라도 반대하면 무효가 되고, 의결을 계속해야 하므로 시간이 많이 걸린다. 또 국민투표와 같이 의결권자가 많거나 각계각층이 가지고 있는 의견을 만장일치로 수렴하기는 불가능하다.

다수결 제도는 다수가 원하는 대로 결정되므로 소수 의견이 무시되어 구성원 모두를 만족시키는 의결 방법은 아니다. 또 다수 의견이라고 해서 합리적인 선택을 했다고 단정할 수는 없다. 적은 차이로 다수가 될 경우 소수가 반대 세력으로 힘을 합쳐 결정에 따르지 않고 분란을 일으킬 수도 있다. 하지만 다수가 찬성했으므로 어느 정도 신뢰성이 있고 상대적으로 불만도 적을 것이다.

그러므로 구성원 모두를 만족시키지는 못하지만 빠른 결과를 얻을 수 있는 다수결에 의한 결정이 올바르다고 생각한다. 다만 소수 의견도 중요하므로 다양한 방법으로 반대 의견을 최소화하도록 노력해야 한다. 의결 전에 해당 분야 전문가들 의견을 구하는 등 충분한 자료를 제공하고, 넉넉한 시간을 갖고 토론을 통해 의견을 자유롭게 나눌 수 있어야 한다. 소수 의견도 중요한 내용이라면 다수에게 이해를 구해 선택될 수도 있어야 한다.

의결권자는 개인 혹은 특정 집단을 위한 이익을 쫓기보다는 집단 전체를 위한 합리적인 선택을 할 수 있도록 안건에 대한 정확한 분석과 판단을 해야 한다. 히틀러는 대중 영합주의(포퓰리즘)로 소수인 유대인을 공격했다. 대중을 선동해서 다수 의견을 모아 권력 유지 수단으로 이용한 것이다. 이처럼 다수결 제도는 정치적으로 악용될 수도 있으므로, 국가 발전과 유지를 위해 올바른 선택을 해야만 한다.

또 안건이 얼마나 중요한가에 따라 출석자 가운데 다수가 택한 의견으로 결정되는 일반적인 다수결이 아닌 특별 다수결 혹은 절대 다수결로 결정할 수도 있다. 특별 다수결은 2/3 이상 찬성, 절대 다수결은 출석한 사람이 아닌 '소속된 구성원 전체 가운데 과반수'가 찬성해야 결정된다.

의결권자가 적을 경우에는 만장일치 제도도 가능하지만 의결권자가 많을 경우에는 실현 가능성이 없다. 그러므로 다양한 방법으로 소수 의견도 반영되게 할 수 있는 방법을 찾는다면, 다수결 원칙에 따르는 것이 현실적으로 최선이다.

## 14 일본군 위안부 문제

**예시**

주제문: '일본군 위안부' 피해자들에 적극적으로 관심을 보이자.

미 의회에 이어 캐나다, 유럽 의회까지도 '일본군 위안부' 결의안이 채택되었다. 이러한 세계적인 관심과 행동은 환영할 만한 일이다. 그러나 이 문제는 다른 나라가 나서기 전에 우리 정부가 일본 사죄를 받아내고 역사 왜곡을 바로 잡아 이웃 국가로서 동반자적 자세를 가질 수 있도록 했어야 하는 것이다.

'일본군 위안부' 문제가 한국 사회에서 널리 알려진 지 30년이 지났지만, 한국 정부가 일본 정부를 향해 강력히 사죄와 배상을 요구한 적은 없다. 매주 수요일 12시, 일본 대사관 앞에서 '일본군 위안부' 피해자들이 참여하는 집회가 계속되고 있지만 정부는 이들 요구와 주장에 대해 뚜렷한 답변을 내놓지 않고 있다.

첫째, 과거사가 양국 우호 협력을 위한 걸림돌이 될 수 있다는 생각 때문이다. 양국 관계가 과거사에

만 매달릴게 아니라 미래를 내다보고 관계가 조성되어야 한다는 것이 우리 정부 입장이다. 물론 이런 실용 외교도 필요하다. 하지만 보다 능동적인 외교, 역사를 바로 세우는 외교도 필요하다. 그것이야말로 국민을 보호해야 하는 가장 기본적인 국가 의미이며, 과거사 청산을 위한 책임 있는 자세다. 일제 강점기에 민족이 당한 고통에 대한 사죄와 배상을 일본에게 당당히 요구함으로서 일본이 과거사에 대해 깊이 반성할 수 있는 기회를 주는 것이며, 이를 바탕으로 두 나라가 이익을 위해 서로 협력하는 관계를 유지할 수 있게 되는 것이다.

둘째, 할머니들이 '위안부' 시절에 겪었던 육체적·정신적 후유증으로 힘든 삶을 살고 있는 사회적 약자이기 때문이다. 위안부 할머니들은 모두 고령이며, 신고한 피해자들 대부분은 식당일, 파출부, 막노동으로 직접 생계를 유지해왔다. 할머니들은 일본과 한국 정부가 살아남은 자신들이 하나 둘 죽어 없어지기를 바라는 것 아니냐며 문제가 해결될 때까지 백년이고, 이백년이고 살겠다고 절규하신다. 내가 바로 산 증인이라며 가슴을 치고 통곡하시던 할머니들이 모두 돌아가시면, '일본군 위안부' 문제가 또 다시 역사 그림자 속에 묻히게 되는 것은 자명한 일이다.

셋째, 위안부 문제를 '민족 아픔', '민족 수치'로 여기는 한국 사회에 만연된 그릇된 인식 때문이다. 여성 순결을 목숨보다 더 중요하게 여기는 유교적 가치 때문에 순결을 잃은 여성은 이유를 막론하고 치욕이라고 생각하고 있다. 그래서 그분들은 긴 세월 동안 가족과 집안, 집단(민족) '명예'를 우선하는 사회로부터 침묵을 강요당했다. 피해자로 느끼는 고통을 가슴에 묻어둔 채 살아 온 할머니들 모습을 보며 우리 사회가 이 문제를 얼마나 여성 차별적 시각에서 접근해왔는지를 반성해야 한다. 그래서 다시는 그러한 피해자가 생겨나지 않도록 잘못된 사회 구조를 개혁해야 한다. 지난 세월 유린당했던 인권과 명예를 되찾게 해 드려야 하는 것이 우리들 몫인 것이다. 그러기 위해선 자라나는 청소년들이 위안부 문제를 올바로 인식하고, 역사 문제 해결에 동참시키기 위해 역사 교재에 진실을 알리고 바르게 교육해야 한다.

'일본군 위안부' 문제는 일본이 만든 것이고 악화시켜 온 것이기 때문에 일본에게 일차적인 책임을 묻는 것은 당연한 것이다. 하지만 우리 정부와 국민 또한 그에 대한 책임으로부터 완전히 자유로울 수는 없다. 정부는 '일본군 위안부' 문제에 대해 일본 정부에게 사죄와 배상을 하라고 적극적으로 요구해야 한다. 동시에 '일본군 위안부' 문제에 여성 차별적 측면을 인식하고 그러한 잘못된 인식을 만들어내는 사회 구조를 바꾸기 위한 노력을 기울여야 한다. 결국 '일본군 위안부' 문제를 당사자만이 아닌 우리 국민 문제로, 과거 완료된 역사 속 일이 아닌 현재 진행중인 오늘 문제로 인식해야 한다.

## 15 교복 자율화 문제

**예시**

| 문제 제기(상황 제시)<br>– 내포(본질)와 외연(현상) | 획일화된 교복 착용을 반대해 교복 자율화를 원하는 학생이 늘고 있다. |
| --- | --- |
| 원인 분석<br>– 사회(외부)적 원인<br>– 개인(내부)적 원인 | 1. 왜냐하면 자주 세탁하지 못해 청결하지 않기 때문이다.<br>2. 왜냐하면 활동하기가 불편하기 때문이다.<br>3. 왜냐하면 개성이 없어지기 때문이다. |
| 대안 제시<br>– 사회(외부)적 대안<br>– 개인(내부)적 대안 | 1. 외투는 바람에 말리고 셔츠는 매일 빨면 된다.<br>2. 차분하게 행동할 수 있다.<br>3. 유니폼의 장점인 단정함이 돋보인다. |

| 반대<br>– 대안에 대한 반발과<br>부작용 | 1. 그렇지만 교복은 세탁소에 맡겨야 하기 때문에 비용이 많이 든다. |
| --- | --- |
| | 2. 그렇지만 스트레스를 받을 수 있다. |
| | 3. 그렇지만 옷보다는 내가 더 돋보여야 한다. |
| 극복<br>– 그 반발도 극복하면서<br>문제를 해소할 방법 | 1. 졸업한 선배에게 셔츠를 얻어서 여벌을 준비한다. |
| | 2. 여학생의 경우 바지를 하나 더 구입해서 입는다. |
| | 3. 주말에는 내가 좋아하는 스타일 옷을 입고 외출한다. |
| 최종 결론<br>– 전체 정리와 마무리 | 유니폼은 개인을 획일화시켜서 개성이 없다고 생각할 수 있지만 교복 착용을 통해 학생이라는 신분을 나타낼 수 있으며, 행동과 자세가 긍정적으로 변할 수 있다. 교복이 가진 장점을 극대화시키는 것이 중요하다. |

**예시**

주제문: 교복이 가진 장점을 극대화시키자.

현재 중고등학교 대부분은 학생들에게 교복을 입도록 하고 있다. 1983년부터 교복 자율화가 시행되었다가 1986년 학교장 재량에 따라 교복 착용 여부가 결정되었다. 그러나 개성 없이 획일화된 교복 착용을 반대한다면서 교복 자율화를 찬성하는 학생이 늘고 있다.

교복은 방학을 제외하고는 등교할 때 매일 입어야 한다. 그래서 자주 세탁하기가 힘들기 때문에 갑자기 지저분해지면 겉만 닦아서 입어야 한다. 또 블라우스나 셔츠는 2~3장 정도만 구입해서 입기 때문에 매일매일 빨아서 준비를 해 놓아야 하는 불편함도 있다. 미리 빨아놓지 못하면 전날 입었던 것을 다시 입어야 하기 때문에 불쾌하고 냄새가 날 수도 있다. 세탁소에 맡겨도 시간과 비용이 들기 때문에 자주 이용하지 못한다. 하지만 졸업한 선배에게 교복을 얻어서 준비해 놓는다면 급할 때 입을 수 있어서 교복 착용에 대한 불만을 줄일 수 있다.

교복 착용에 불만을 갖는 학생들은 교복이 불편하다고 말한다. 교복은 학교의 얼굴이기도 하다. 학생 신분에 어긋난 행동이나 방자한 행동에 따른 보이지 않는 제재 역할을 하므로 학생 스스로 질서를 지키려고 조금이라도 노력하게 만들게 된다. 물론 셔츠와 치마, 재킷을 입어야 하기에 티셔츠나 점퍼를 입은 것보다는 팔이 덜 올라가 불편한 것은 사실이다. 그러나 교복으로 점퍼를 입는 건 전체적인 모양이 좋지 않다. 약간의 스트레스는 자신을 강제할 수 있고

자세와 행동을 절제시키는 효과도 낼 수 있다. 여학생 경우 치마가 너무 불편하다고 생각되면 바지를 구입해 입을 수도 있다.

또 교복 착용에 불만을 갖는 이유는 개성이 없어지고 모두 다 똑같아 진다고 생각하기 때문이다. 그러나 사복을 입고 모여 있는 또래 친구들을 보면 정말 개성이 없다는 것을 알 수 있다. 교복을 입으면 똑같아서 개성이 없어진다는 학생들이 똑같은 머리 모양과, 똑같은 안경테, 똑같은 바지 스타일, 심지어는 유행이라며 똑같은 머리핀을 하고 다니는 경우도 있다. 옷이나 장신구에 내가 묻혀 있는 것이 개성이 아니라 옷보다 돋보이는 '나'를 찾아내는 것이 개성일 것이다.

교복은 가격도 비슷하고 모양과 색깔도 같다. 그래서 빈부 차가 보이지 않는다는 장점도 가지고 있다. 가정 수준에 맞춰 의복을 사 입는 것은 자유다. 그러나 교복을 착용하면 사춘기인 청소년들이 의복에 의한 형편 정도가 표시 나지 않는 장점도 있다. 또 외모에 치중해서 학업에 방해가 되는 것을 방지할 수도 있다.

교복에 대한 여러 가지 불만들을 조금이라도 해소하기 위해 요즘 교복은 디자인도 다양하고 색상도 밝아졌다. 예전엔 소속감과 통제력을 위한 교복이었다면 학교에 대한 소속감, 동질감, 심미성에 주력한 교복들이 출시되고 있다. 이미 착용하고 있는 교복을 무조건 반대하기보다는 교복 착용이 가진 장점을 긍정적으로 생각하는 것이 중요하다.

## 16 신탁 통치 실시에 대한 입장

예시

| 문제 제기(상황 제시)<br>– 내포(본질)와 외연(현상) | 1945년 12월 모스크바에서 열린 미·영·소 3국 외무장관 회의에서 한국에 대한 신탁 통치를 결정하자 반발이 일어났다. |
| --- | --- |
| 원인 분석<br>– 사회(외부)적 원인<br>– 개인(내부)적 원인 | 1. 신탁 통치는 겨우 독립을 하게 된 우리 민족에게 다시 다른 나라의 지배를 받게 되는 것과 같기 때문이다. |
| | 2. 남북으로 분단되었기 때문이다. |
| | 3. 우리 민족 스스로 어려움을 해결해 나갈 수 있는 힘을 잃어 혼란을 초래했기 때문이다. |
| 대안 제시<br>– 사회(외부)적 대안<br>– 개인(내부)적 대안 | 1. 김구나 김규식 등 민족 지도자를 중심으로 여러 나라에 신탁 통치 결정이 잘못되었음을 알려야 했다. |
| | 2. 미국과 소련에게 외교적으로 접근해 설득해야 했다. |
| | 3. 이념보다 나랏일을 먼저 생각해야 했다. |
| 반대<br>– 대안에 대한 반발과 부작용 | 1. 우리는 다른 나라 힘을 빌려서라도 우리나라의 힘을 길러야 했다. |
| | 2. 원만한 건국에 도움이 되었다. |
| | 3. 다른 나라가 가진 좋은 제도를 배울 수 있었고, 다른 나라로부터 투자도 받을 수 있었다. |
| 극복<br>– 그 반발도 극복하면서 문제를 해소할 방법 | 1. 느리게 가더라도 스스로 힘을 기르는 것이 오히려 안정적이다. |
| | 2. 다른 나라가 가진 좋은 제도가 우리에게 모두 적합한 것은 아니다. 우리 실정에 맞는 제도를 타협을 거쳐 이끌어 내야 한다. |
| | 3. 좌파와 우파로 나뉘어 분단을 초래했다. |
| 최종 결론<br>– 전체 정리와 마무리 | 1945년 12월 모스크바에서 결정된 신탁 통치는 잘못되었다. 신탁 통치는 독립을 하게 된 우리 민족에게 다시 다른 나라의 지배를 받게 되는 것과 같은 상황을 만들어 우리 민족 분열을 가져왔고 남북으로 분단되는 결과를 만들었다. |

예시

주제문: 우리나라에 대한 신탁 통치 결정은 잘못되었다.

1945년 12월 모스크바에서 열린 미국, 영국, 소련 3국 외무장관 회의에서 한국에 대한 신탁 통치가 결정되었다. 이는 얄타 회담, 포츠담 회담 협정에 근거하여 미국, 영국, 중국, 프랑스, 소련 5개국이 모여 런던에서 열렸던 회의 연장선이었다. 모스크바 회의 협정 내용이 국내에 알려진 것은 그해 12월 28일이었다. 꿈에도 소원인 독립 정부 수립을 갈망해 온 우리 민족은 신탁 통치를 민족적 모욕으로 여겨 큰 충격으로 받아들였다.

신탁 통치를 받는 것은 우리 민족이 오랜 노력에 힘입어 독립을 하게 되었는데, 다시 다른 나라 지배를 받는 것과 똑같다고 여겼다. 그래서 국내에서는 신탁 통치 반대 운동이 거세게 일어났다. 그리고 남한 지역은 미국이, 북한 지역은 소련이 나누어 다스리는 분단 체제가 되었다. 독립과 동시에 분단을 맞이하게 된 것에 찬성할 사람은 없었다. 또 우리 민족 스스로 나라를 세우려는 노력을 인정하지 않았다.

여운형이 중심이 된 건국 준비 위원회나 해외에서 열심히 독립운동을 이끈 대한민국 임시 정부 등이 중심이 되어 전개한 새로운 나라를 세우려는 노력을 인정하지 않았다.

물론 우리 노력도 부족했다. 김구나 김규식 등 민족 지도자를 중심으로 여러 나라에 신탁 통치가 잘못된 결정임을 알려야 했다. 그리고 미국과 소련에게 외교적으로 접근해서 신탁 통치가 아니라 우리 민족 스스로 나라를 세울 수 있도록 설득했어야 했다. 또 이념에 따라 신탁 통치 찬성과 반대로 나뉠 것이 아니라 신탁 통치가 가져올 우리 민족의 미래에 대해 생각했어야 했다. 이런 노력들이 있었다면 신탁 통치를 막아냈을 수도 있을 것이다.

하지만 일제 식민지에서 해방되었을 당시 우리 민족은 너무나 힘이 없었다. 다른 나라 힘을 빌려서라도 우리 민족의 힘을 길러야 했다. 그리고 왕조 국가였던 나라에서 공화국으로 전환하는데 무리가 없었던 것은 다른 나라 도움이 있었기 때문에 가능했다. 이처럼 다른 나라에 있는 좋은 제도도 받아들이는 기회가 되고, 우리나라 존재를 알릴 수 있는 기회가

되기도 했다. 신탁 통치가 꼭 나쁜 상황을 가져온 것은 아니다.

그러나 느리게 가더라도 스스로 힘을 기르는 것이 오히려 안정적으로 갈 수 있는 방법이다. 처음부터 의존해서 출발하면 계속 의지하게 된다. 또 다른 나라가 가진 좋은 제도가 우리에게 모두 적합한 것은 아니다. 우리 현실에 맞는 제도를 만들어가는 것이 중요하다. 그리고 신탁 통치 실시를 두고 찬성과 반대로 나뉘어 남한 내에서 극심한 대립을 했을 뿐 아니라 결과적으로 남북으로 분단되는 상황이 만들어졌다.

1945년 12월 모스크바에서 열린 3국 외무장관 회의에서 결정된 우리나라에 대한 신탁 통치는 잘못되었다. 신탁 통치로 인해 우리 민족 스스로 준비하던 새 나라 세우기는 물거품이 되어 버렸고, 찬성과 반대로 나뉘어 극심한 대립과 혼란을 가져왔다. 그리고 남한은 미국이, 북한은 소련이 신탁 통치를 실시하면서 남북 분단이 고착화되었고, 그로 인한 후유증은 지금도 계속되고 있다.

## 17 남북한 단일팀 구성

**예시**

| 문제 제기(상황 제시)<br>– 내포(본질)와 외연(현상) | 남북한 단일팀 구성을 위한 논의가 진행되고 있다. |
|---|---|
| 원인 분석<br>– 사회(외부)적 원인<br>– 개인(내부)적 원인 | 1. 왜냐하면 남북한 협력이 필요하기 때문이다.<br>2. 왜냐하면 평화 정착을 위해 자주 만나야 하기 때문이다.<br>3. 왜냐하면 국제대회에서 더 좋은 성적을 거둘 수 있기 때문이다. |
| 대안 제시<br>– 사회(외부)적 대안<br>– 개인(내부)적 대안 | 1. 서로 양보하는 자세가 필요하다.<br>2. 가능한 분야부터 만남을 이어가야 한다.<br>3. 많은 종목에서 단일팀을 구성해야 한다. |
| 반대<br>– 대안에 대한 반발과<br>  부작용 | 1. 그렇지만 서로 입장 차이를 좁히지 못하고 있다.<br>2. 그렇지만 남한은 북한과 체제가 다르다.<br>3. 그렇지만 남한이 대부분 종목에서 앞선다. |

| | |
|---|---|
| 극복<br>- 그 반발도 극복하면서<br>문제를 해소할 방법 | 1. 단일팀은 남북한 협력을 위한 출발점이 될 수 있다. |
| | 2. 체제 경쟁으로 인한 손실이 너무 크다. 평화가 정착되면 서로 많은 이익을 얻을 수 있다. |
| | 3. 단체 경기는 개인기보다 팀워크가 더 중요하다. 팀워크는 연습 시간을 충분히 가지면 좋아지며 마음이 먼저 단일팀이 되어야 한다. |
| 최종 결론<br>- 전체 정리와 마무리 | 남북한 단일팀 구성은 단기적인 성과에 급급할 것이 아니라 장기적으로 남북한 관계 개선과 평화 정착, 교류 확대라는 측면에서 접근해야 할 것이다. |

**예시**

주제문: 실력과 명분 모두 살려야 한다.

남북한은 지난 2000년 시드니 올림픽 때 시작한 공동 입장에 이어 2004년부터는 단일팀 구성을 위한 협의를 진행하고 있지만 쉽사리 합의에 이르지 못할 때가 많다. 2008년 베이징 올림픽 때는 600여 명으로 구성된 남북 공동 응원단이 조직되었다. 하지만 선수 단일팀 구성까지는 쉽게 결과를 내지 못했다.

먼저 단일팀 구성을 바라보는 입장 차이를 좁히지 못하고 있기 때문이다. 남한은 좋은 성적을 낼 수 있도록 단일팀에 들어가는 선수를 실력 위주로 뽑자는 입장인 반면 북한은 단일팀이라는 의미에 맞도록 반반씩 선수를 참여시키자고 주장하고 있기 때문이다. 남한과 북한 모두 자신이 생각하는 방향만 고집할 것이 아니라 서로 양보하는 자세가 필요하다. 단일팀을 구성해서 국제대회에 참가하는 것은 경기에서 더 좋은 성적을 내기 위해서이기도 하지만 남북 관계 개선과 평화 정착, 교류 확대에서 더 좋은 효과를 낼 수 있기 때문이다.

다음으로 선수들 실력 차이가 나기 때문이다. 남한이 대부분 종목에서 앞서지만 단체 경기는 개인기보다 팀워크가 더 중요하다. 팀워크는 연습 시간을 충분히 가지면 좋아진다. 남자 축구 경기 선수 구성

에 남한 선수들 실력이 월등하다고 해서 11명 중 9명이나 10명을 남한 선수로 채우고 나머지를 북한 선수로 채운다면 진정한 단일팀이라고 할 수 없다. 단체 경기는 선수 개개인이 가진 역량도 중요하지만 선수들 서로가 얼마만큼 마음을 합쳐 좋은 팀워크를 유지할 수 있느냐에 경기 성패가 좌우된다고 할 수 있다. 그러므로 남북 단일팀 구성에 있어 경기 성적을 어떻게 내느냐 하는 문제로 접근할 것이 아니라 남북한 관계 개선과 평화 정착, 교류 확대라는 측면에서 접근해야 할 것이다.

부족한 면은 서로 보충해주고 충분한 실력을 발휘할 수 있도록 마음이 먼저 단일팀이 될 수 있는 방안들이 나와야 진정한 단일팀이 될 수 있으며, 실제 경기에서도 더 좋은 성적을 거둘 수 있을 것이다.

남한과 북한이 다른 체제 때문에 체제 경쟁으로 인한 손실이 너무 크다. 단일팀을 출발점으로 삼아 남북한 교류를 확대하고 차이를 극복해 한반도 평화를 이루어낸다면 서로가 더 많은 이익을 얻을 수 있을 것이며, 국제 사회에 기여하는 바도 클 것이다. 따라서 남북한 단일팀 구성은 단기적인 성과에 급급할 것이 아니라 장기적으로 남북한 관계 개선과 평화 정착, 교류 확대라는 측면에서 접근해야 할 것이다.

## 18 지도자가 갖추어야 할 덕목

**예시**

| | |
|---|---|
| 문제 제기(상황 제시)<br>- 내포(본질)와 외연(현상) | 훌륭한 지도자로 꼽히는 카이사르는 관용 정책을 실시했다. |

| 원인 분석<br>－사회(외부)적 원인<br>－개인(내부)적 원인 | 1. 왜냐하면 관용을 베푸는 지도자는 많은 사람들에게서 지지와 신뢰를 얻는 법이기 때문이다. |
| --- | --- |
| | 2. 왜냐하면 너그러움은 세력을 강하게 만들어 자기 사람을 더 많이 확보할 수 있기 때문이다. |
| | 3. 왜냐하면 다른 사람과 성공을 공유하여 더 큰 열매를 얻기 때문이다. 눈앞 이익에만 연연하는 지도자는 이런 열매를 영원히 맛볼 수 없다. |
| 대안 제시<br>－사회(외부)적 대안<br>－개인(내부)적 대안 | 민중파를 대표하는 카이사르는 밀 배급을 규정한 '소맥법'을 만들어 빈민층들에게 무상으로 배급했다. |
| | 자신을 죽이려는 정적들을 모두 끌어안았다. |
| | 적을 노예로 만들지 않고 로마 시민과 동등한 대우를 해줬다. |
| 반대<br>－대안에 대한 반발과<br> 부작용 | '소맥법'은 가난한 유권자들을 자신의 편으로 만들기 위하여 정치적인 목적으로 만든 법이다. |
| | 하지만 적들은 카이사르가 보여 준 자비로움에 애정을 느끼지 못하고 질투와 시기를 일삼았고, 결국 관용으로 사면해 준 카이사르를 암살했다. |
| | 적들에게 허점으로 보이는 계기가 될 수 있고, 쉽게 공격을 당하거나 가벼운 적수로 인식될 수 있다. |
| 극복<br>－그 반발도 극복하면서<br> 문제를 해소할 방법 | 빈민층에게 실질적으로 혜택이 돌아가도록 안찰관을 두어 세대주 소득, 가족 수 등을 조사해 무상으로 밀을 배급받을 이유가 있는지에 대해 엄격하게 심사해 배급했다. |
| | 카이사르 죽음 이후 민중들은 암살자를 규탄하고, 환영받을 거라 착각했던 암살자들은 대부분 로마를 떠나게 되었다. 카이사르가 대중적 지지 기반이 확고했기 때문이다. |
| | 군사적인 충돌보다는 다른 종족과 화합 및 통합에 힘쓴 결과 로마 제국이라는 이상을 더 빨리 실현할 수 있었다. |
| 최종 결론<br>－전체 정리와 마무리 | 관용을 베푼다는 것이 때로는 지도자로서 나약한 인상을 주거나 리더십이 부족해 보인다고 여겨질 수 있다. 그러나 진실한 마음으로 관용을 베푸는 것은 반대 세력까지도 끌어안아 화합할 수 있게 하는 훌륭한 지도자의 자질이다. |

**예시**

주제문: 훌륭한 지도자가 갖추어야 할 첫 번째 덕목은 관용이다.

　카이사르는 로마를 공화정에서 제정으로 끌어올린 인물이며 로마 영토를 확장하고 내정을 다지며 로마 운명을 뒤바꿔 놓은 위대한 지도자로 기억되고 있다. 그가 뛰어난 것은 당시 로마가 처한 상황이 어떠한 상황이고 어떻게 타개해 나가야 하는지 잘 알고 있었다는 것이다. 그는 로마라는 국가가 가진 다민족, 다문화, 다언어 특성을 잘 이해했고, 그러한 특성을 배려한 정책을 시행하는데 '클레멘티

아', 즉 '관용'이 필요하다는 것을 알았다. 그러면 그가 새 질서 슬로건으로 내건 '관용(클레멘티아) 정신'이란 도대체 어떤 것일까?

　첫째, 빈민층을 위해 관용을 베풀었다. 카이사르는 밀 배급을 규정한 '소맥법'을 만들어 빈민층들에게 무상으로 배급했다. '소맥법'은 가난한 유권자들을 자신 편으로 만들려는 정치적인 목적으로 만든 법이라고 비난할만 했지만 무상으로 밀을 배급받는 사람들이 32만 명에 달하면서 카이사르는 말했다.

복지라고 하여 아무에게나 다 주는 것이 아닌, 일자리를 얻거나 생계가 보장될 때까지만 일시적으로 지원해주는 것이라고 했다. 그래서 32만 명을 단번에 15만 명으로 줄였으며, 그 어떠한 경우라도 15만 명 이상에게 밀을 배급하는 것을 금지했다. 그리고 안찰관을 두어 세대주 소득, 가족 수 등을 조사해 무상으로 밀을 배급받을 이유가 있는지를 심사했다. 엄격한 심사 때문에 32만 명에서 무려 15만 명으로 줄었음에도 빈민층에서는 불만이나 반발이 나오지 않았다. 이렇듯 카이사르는 사회복지의 중요성을 이해하고, 민심을 정확하게 파악할 줄 알았다.

둘째, 속주 통치에 있어서도 관용을 베풀었다. 로마 제국은 본국인 이탈리아 반도와 속주 및 동맹국으로 이루어진 다민족, 다문화, 다종교, 다인종, 다언어 집합체였다. 이러한 모든 것을 통합해 제대로 로마를 통치하려면 우선 속주 통치가 잘되느냐 아니냐에 달려 있었다. 중앙 집권과 지방 분권을 균형 있게 병용해야 한다고 생각한 카이사르는 로마와 속주 관계를 지배자가 피지배자를 착취하는 식민 통치로 생각하지 않았다. 대부분 국가들이 다른 나라를 침략하거나 전쟁에서 이기고 나면 적국 사람들을 노예로 삼고 착취를 일삼는다. 그러나 카이사르는 그들을 '로마 연합' 일원으로 포함시킴으로써 로마 시민과 똑같은 대우를 해 주었다. 그들에게 참정권을 주었고, 재산권도 보장을 해 주었다. 또 로마인과 결혼도 자유로웠다. 로마 시민권을 취득하도록 권해 이들이 로마 국정에 참여할 수 있는 길을 열어주었다. 이렇게 로마인과 똑같은 대우를 해 줌으로써 자신이 로마인인 것처럼 생각하게 해 자신들에게 동화되도록 했다. 이 대우는 로마와 이해를 일치시킴으로써 로마가 목표로 하는 일을 좀 더 수월하게 진행할 수 있도록 돕는 역할을 했다. 이처럼 피정복민들을 무조건 예속시키기보다는 자치를 허용했고, 로마 문화를 다른 속주에 강요하지 않고 그 문화를 존중해 주었다. 카이사르는 군사적인 충돌보다는 다른 종족과 화합 및 통합에 힘쓴 결과 로마 제국이라는 이상을 더 빨리 실현할 수 있었다. 말로만 우호를 주창해서는 의미가 없고, 물심양면으로 교류가 있을 때에 비로소 승자와 패자는 융합해 갈 수 있다는 것을 카이사르는 알고 있었

기 때문이다. 결국 이러한 속주에 대한 관용 정책은 '로마 연합'이란 운명 공동체를 형성함으로써 강대한 국력을 형성시킬 수 있었고, 외부로 세력을 넓힐 수 있었다.

셋째, 폼페이우스를 중심으로 한 공화파와 내전에서 승리해 최고 권력자가 된 후 내세운 정책도 관용이었다. 내전을 승리로 이끈 카이사르는 자신에게 칼을 들이댔던 공화파 인사들을 모두 석방했다. 또 국외로 피신해 있던 사람들도 로마로 돌아와 자유롭게 살도록 허락했다. 승리자와 패배자가 서로 포용하고 인정함으로써 보복이 가져다 줄 수 있는 악순환을 막자고 한 것이다. 그는 부하들이 만들어 준 살생부를 즉시 소각하고 포용 정책을 최우선 과제로 내세워 자신과 반대편에 섰던 사람들도 과감하게 발탁해 화합 정치를 이뤄냈다. 그렇지만 그 너그러움이 모든 정적들에게서 애정이나 지지를 얻은 것은 아니었다. 결과적으로 그가 베푼 관용이 카이사르의 죽음을 불러오는 불행을 자초하기도 했다. 그러나 그동안 관용을 베풀었던 대중들이 보내는 지지가 확고했기 때문에 대중들은 카이사르를 죽인 암살자를 규탄했고, 그 결과 환영받을 거라 착각했던 암살자들은 대부분 로마를 떠나게 되었다. 그가 궁극적으로 관용과 포용으로 정적들을 대한 것은 모두 힘을 모아 로마를 재생시키는 데 힘쓰자는 것이었다. 바로 이러한 융화적 인사 정책이 광대한 로마 제국을 지배하는 초석이었다.

지금 우리 사회는 세대 간, 계층 간, 지역 간, 노사 간 갈등과 대립이 만연하다. 그러나 이런 현상도 카이사르가 내세운 관용과 다양성을 가진 시각으로 바라보면 문제될 게 없다. 세계화 시대에 독불장군은 없다. 자신과 생각이 다르다고 적대시해서는 곤란하다. 적극적으로 차이를 인정하고 폭넓게 이해하고 수용하면서 서로를 너그럽게 바라보는 자세가 필요하다. 우리 사회가 갈등을 극복하고 균형 있는 성장 발전을 할 수 있도록 국민 역량을 통합할 수 있는 지도자가 어느 때보다 필요한 때이다.

"적을 용서하는 카이사르와 자기편을 버리고 달아난 폼페이우스는 얼마나 다른가!"라는 키케로 말처럼 우리가 처한 오늘날 현실을 개선하는 데는 카이사르 같은 관용을 지닌 지도자가 절대적으로 필요하다.

관용을 베푼다는 것이 때로는 지도자로서 나약한 인상을 주거나 리더십이 부족해 보인다고 여겨질 수도 있다. 그러나 진실한 마음으로 관용을 베푸는 것은 반대 세력까지도 끌어안아 화합할 수 있게 하는 훌륭한 지도자가 반드시 지녀야 할 자질이다.

## 19 공평한 방법

예시

| 문제 제기(상황 제시)<br>– 내포(본질)와 외연(현상) | 선생님이 하는 일 중에 불합리한 일이 있다. |
|---|---|
| 원인 분석<br>– 사회(외부)적 원인<br>– 개인(내부)적 원인 | 1. 숙제 검사에서 칭찬 받는 아이만 항상 칭찬받기 때문이다. |
| | 2. 선생님은 무조건 남자, 여자끼리 앉혀야 좋다고 생각하지만 친하지 않은 아이끼리 앉으면 싸우는 경우도 많다. 또 친한 아이끼리 앉아야 모둠 협동이 더 잘되는 경우도 많기 때문이다. |
| | 3. 남자아이들이 더 힘이 세기 때문에 약한 사람을 보호해야 한다고 하지만 때리는 아이들은 여자건 남자건 혼이 나야 하기 때문이다. |
| 대안 제시<br>– 사회(외부)적 대안<br>– 개인(내부)적 대안 | 1. 숙제 칭찬을 할 때 내용을 발표해 아이들끼리 투표를 하게 해서 더 많은 표를 받은 사람에게 좋은 점수를 준다. |
| | 2. 서로 짝하고 싶은 이성을 골라서 친한 남자아이, 여자아이를 같이 앉게 한다. |
| | 3. 남녀 상관없이 누구든지 때리는 쪽이 벌을 받는다. |
| 반대<br>– 대안에 대한 반발과<br>   부작용 | 1. 아이들이 친한 아이에게는 표를 더 많이 줄 수도 있다. |
| | 2. 서로 짝하고 싶은 아이가 없을 수도 있고 놀림받을까봐 용기를 못내는 경우도 있다. |
| | 3. 남자아이들은 더 심하게 벌주는 경향이 있다. |
| 극복<br>– 그 반발도 극복하면서<br>   문제를 해소할 방법 | 1. 아이들 투표 결과와 선생님이 숙제를 보고 정한 점수를 합쳐서 잘한 숙제를 결정한다. |
| | 2. 번갈아가면서 한 번은 앉고 싶은 아이들끼리, 한 번은 선생님이 정해준 아이들끼리 앉는다. |
| | 3. 때리는 것에 벌을 주되 남자 아이들이 심하게 때렸을 경우에는 선생님이 생각해서 벌을 좀 더 추가하면 된다. |
| 최종 결론<br>– 전체 정리와 마무리 | 선생님이 하는 일이 불공평하면 아이들이 그것을 이야기하고 함께 해결책을 찾아 나가는 것이 좋다. 아이들도 받아들일 수 있고 선생님 입장에서도 학급을 이끌어나가는 데 방해가 되지 않는 선에서 서로서로 입장을 이해해야 한다. 그리고 같이 정한 규칙은 지켜나가는 것이 중요하다. |

주제문: 의견을 나누어 공평한 방법을 택해야 한다.

학교에서 보면 선생님이 하는 일이 불공평하다고 느낀 적이 있다. 선생님은 일단 무엇인가를 조사할 숙제를 많이 내주시는 편이다. 이것까지는 괜찮은데 숙제를 잘했다고 칭찬하는 경우가 대부분 숙제 내용이 좋아서가 아니다. 선생님이 칭찬하는 숙제는 인터넷에서 찾은 사진을 많이 첨부한 것, 그리고 글씨를 잘 쓰거나 예쁘게 펜으로 꾸민 것이다. 이런 것들은 몇몇 아이만 잘할 뿐이지 반 아이들 대부분은 잘하지 못한다. 잘해 오는 아이들은 엄마들이 숙제를 도와주기도 한다. 그래서 칭찬받는 아이들만 항상 칭찬받는다.

또 무조건 남자아이와 여자아이가 짝을 해야만 한다. 아이들 대부분이 친한 남자아이들끼리 친한 여자아이들끼리 앉고 싶어 하는 데 선생님은 우리 의견을 들어주지 않는다. 남자아이와 여자아이가 싸울 때 남자아이가 여자아이를 때리면 벌을 주시지만 여자아이가 남자아이를 때리는 건 그냥 보고 넘어간다.

아이들은 선생님이 불공평하다고 느낀다. 왜냐하면 선생님에게 칭찬을 받는 숙제를 하려면 컴퓨터를 잘해야만 하고 그렇지 않으면 글씨라도 잘 써야 하는데 그것을 잘하는 아이들은 정해져 있기 때문이다. 칭찬 받는 아이만 항상 칭찬받는 것은 불공평하다. 숙제는 내용이 중요한 것이지 꾸미는 외양이 중요한 것이 아니라고 생각한다. 또 선생님 생각에는 남자 여자가 같이 앉아야 좋고 짝을 정하는 데도 공평하다고 하지만 친하지 않은 아이끼리 앉으면 싸우는 경우도 많다. 서로 어색해서 말을 못하기도 한다. 친한 아이끼리 앉아야 모둠 협동이 더 잘되고 공부에 더 신경 쓸 수도 있기 때문이다.

또 남자아이들이 더 힘이 세기 때문에 약한 사람을 보호해야 한다고 남자아이들을 혼내지만 친구를 때리는 아이들은 여자건 남자건 혼이 나야 하기 때문에 선생님 행동은 불공평하다. 여자아이들이 선생님이 혼내지 않는걸 알고 남자아이들을 때리는 경우도 많아 남자아이들은 많이 억울하기 때문이다.

숙제 검사를 할 때는 아이들이 숙제에 대해서 점수를 매기는 것도 좋다. 숙제를 선생님이 눈으로 보아 점수를 매기기 전에 먼저 숙제를 해온 아이들이 발표를 하게 해서 아이들이 듣고 투표를 해서 잘한 숙제를 뽑아도 좋다. 물론 투표를 할 때 친한 아이 것에 더 표를 많이 줄 수도 있다. 그러니까 아이들 투표 결과와 선생님이 판단한 점수를 합쳐 잘한 숙제를 뽑는 것도 좋을 것이다. 선생님 점수를 얻기 위해서는 좀 더 노력해서 깨끗하게 정리하고, 아이들에게 발표를 해야 하니까 숙제 내용도 정성들여 하게 될 것이다.

남자아이, 여자아이끼리 짝을 앉는 것도 선생님 의견과 우리 의견을 같이 절충해야 한다. 남자아이, 여자아이끼리 앉는 건 지키지만 친한 남자아이, 여자아이끼리 앉게 하는 것이다. 서로 앉고 싶은 남자아이, 여자아이를 골라서 앉는 것이다. 마음에 드는 아이가 없을 수도 있고, 놀림 받는 경우도 있어서 그런 것들을 싫어할 수도 있을 것이다. 그렇다면 번갈아서 하면 된다. 한 번은 선생님이 정해주는 짝과 앉고 한 번은 아이들이 같이 앉고 싶어 하는 아이들끼리 앉게 하는 것이다.

그리고 친구들끼리 싸우다가 서로 폭력을 쓰면 남녀 상관없이 때리는 쪽이 벌을 받아야 한다. 물론 남자아이들이 힘이 세고 여자아이들보다 더 심하게 때리는 경우도 많다. 그러므로 친구들과 싸울 때 폭력을 쓰면 무조건 벌을 받고 남자아이들이 자기 힘을 이용해 여자아이를 심하게 때렸을 경우에는 선생님이 판단해 좀 더 벌을 주어도 좋다.

선생님이 하는 일이 불공평하면 아이들이 그것을 이야기하고 함께 해결책을 찾아 나가는 것이 좋다. 아이들도 받아들일 수 있고 선생님 입장에서도 학급을 이끌어나가는 데 방해가 되지 않는 선에서 서로서로 입장을 이해해야 한다. 그리고 같이 정한 규칙은 지켜나가는 것이 중요하다.

## 20 외국어를 배우는 자세

**예시**

| 문제 제기(상황 제시)<br>– 내포(본질)와 외연(현상) | 국어 학습보다 외국어 학습을 중시하는 경향이 있다. |
| --- | --- |
| 원인 분석<br>– 사회(외부)적 원인<br>– 개인(내부)적 원인 | 1. 왜냐하면 취업에 영향을 끼치기 때문이다.<br><br>2. 왜냐하면 세계 경제와 정치 흐름이 바뀌기 때문이다.<br><br>3. 왜냐하면 한국이 세계 중심에 서지 못했기 때문이다. |
| 대안 제시<br>– 사회(외부)적 대안<br>– 개인(내부)적 대안 | 1. 회사가 원하는 외국어는 구사할 수 있어야 한다.<br><br>2. 세계정세를 잘 읽어야 한다.<br><br>3. 강대국이 되어야 한다. |
| 반대<br>– 대안에 대한 반발과<br>　부작용 | 1. 그러나 모든 사람이 유행하는 외국어에 능통할 필요는 없다.<br><br>2. 그러나 언어를 습득하는 것은 시간이 많이 걸린다.<br><br>3. 그러나 강대국이라고 해서 언어가 우수한 것은 아니다. |
| 극복<br>– 그 반발도 극복하면서<br>　문제를 해소할 방법 | 1. 온 국민이 다 해야 할 것 같은 분위기는 만들지 않아야 한다.<br><br>2. 각자가 좋아하는 언어를 깊이 공부하는 것이 좋다.<br><br>3. 우리나라 문화를 홍보해 외국인들이 한국어에 관심을 갖도록 유도한다. |
| 최종 결론<br>– 전체 정리와 마무리 | 외국어를 배우는 것은 자유다. 그러나 국어를 등한시하고 외국어를 잘하기는 어렵기 때문에 국어 학습에 소홀하지 않아야 한다. |

**예시**

주제문: 국어를 잘해야 외국어도 잘할 수 있다.

언어도 유행을 한다. 그래서 시대마다 배워야 할 외국어도 바뀌는 것 같다. 조선 시대에는 중국어를, 일제 강점기에는 일본어를, 해방 이후부터 지금까지는 줄곧 영어를 배웠다. 그런데 요즘에는 초등학생들도 영어와 중국어를 동시에 배우느라고 난리다. 또 영어를 유아 때부터 가르치느라고 국어와 함께 배우는 어린이들도 많다.

이렇게 외국어에 열을 올리는 이유는 입시와 취업에 영향을 끼치기 때문이다. 세계화 시대에 외국어를 구사할 수 있는 능력이 중요 평가기준이 되고 있기 때문이다. 또 언어라는 것은 세계 흐름이기도 하다. 그래서 세계 경제를 이끌어가는 나라들의 언어를 배우고 있는 것이다. 세계 선진국 반열에

선 나라 언어를 배우는 것은 한국이 세계 중심에 서지 못했기 때문이기도 하다.

그러나 모든 사람이 현재 유행하고 있는 외국어에 능통할 필요는 없다. 그런데도 학습지나 언론 매체에서는 온 국민이 다 해야 할 것 같은 분위기를 만드는 것이 문제이다.

언어를 습득하고 구사하는 데는 시간이 많이 걸린다. 언어는 그냥 말이 아니라 문화도 함께 포함하고 있기 때문이다. 글자를 통해 그 나라 역사를 알아가고, 말을 통해 그 나라 사람들이 가진 정서를 함께 배우는 것이다. 그래서 강대국이라고 해도 언어가 매우 아름답거나 우수한 것은 아니다.

시대가 바뀌면서 외국어를 배우려는 사람이 증가하는 것이 나쁘다고는 할 수 없다. 그러나 국어를 제

대로 습득하지 않은 채 외국어를 먼저 무분별하게 학습시키는 것은 문제가 있다.

국어를 잘하면 외국어를 우리말처럼 구사할 수 있고 표현 능력이 더욱 더 좋아진다. 국어를 제대로 익히지 않고 외국어 실력이 향상될 거라는 기대는 하지 않는 것이 좋다. 왜냐하면 매일 함께 생활하는 사람들과 풍족한 언어 구사가 힘들다면 문화와 풍습이 다른 사람들과 몇 마디 말로 의미가 전달되는 소통은 힘들기 때문이다.

외국어를 공부할 때 사람마다 목적이 다르다. 그것이 입시 준비든, 여행이든, 학위 수여가 목적이든 간에 각자가 좋아하는 언어를 선택해 필요한 만큼 정해서 할 부분이다. 그러나 언어 사대주의 사상에 묶여

일관되지 않은 외국어 공부를 하는 것보다는 한국어에 대한 자부심을 가져야 할 것이다.

요즘 대학교에는 한국어 어학당을 만들고 세계 각 나라에서 한국어 공부를 하러 오는 학생들이 늘고 있다. 그들은 한국어가 필요하기 때문에 스스로 배우러 오는 것이다. 한국어뿐만 아니라 문화와 한국인의 정서노 배울 수노 있다. 이렇듯 언어란 말뿐이 아니라 그 나라 사람들의 생활도 함께 포함한 것이라고 할 수 있기 때문이다.

외국어를 배우는 것은 자유다. 한국 사람이라고 한국어만 고집하며 산다면 세계화에 걸림돌이 될 것이다. 그러나 국어를 등한시 하고 유행처럼 외국어를 익힌다면 국어도 외국어도 잘하기 어려울 것이다.

## 21  무감독 시험에 대한 입장

예시

| 문제 제기(상황 제시)<br>– 내포(본질)와 외연(현상) | 무감독 시험을 시행하는 학교가 있다. |
| --- | --- |
| 원인 분석<br>– 사회(외부)적 원인<br>– 개인(내부)적 원인 | 1. 왜냐하면 학교가 좋은 성적을 얻기 위해 다니는 곳만은 아니기 때문이다. |
| | 2. 왜냐하면 학교와 선생님들이 학생들을 믿는다는 신뢰를 만들 수 있기 때문이다. |
| | 3. 왜냐하면 무감독 시험을 통해 정직과 자율을 배울 수 있기 때문이다. |
| 대안 제시<br>– 사회(외부)적 대안<br>– 개인(내부)적 대안 | 1. 학교는 성적 이외에 인성 교육도 강화시켜야 한다. |
| | 2. 상호존중과 신뢰감이 형성되는 분위기를 만들어가야 한다. |
| | 3. 무감독 시험을 통해 학교가 여러 가지를 배우는 곳이라는 것을 알려나가야 한다. |
| 반대<br>– 대안에 대한 반발과<br>  부작용 | 1. 그렇지만 부정행위가 늘어날 것이다. |
| | 2. 그렇지만 공부 못하는 아이들은 자주 무시당할 것이다. |
| | 3. 그렇지만 좋은 상급 학교에 진학하기 위해서는 공부가 우선이다. |
| 극복<br>– 그 반발도 극복하면서<br>  문제를 해소할 방법 | 1. 무감독 시험을 실시하는 학교에서 오히려 부정행위가 없다. |
| | 2. 성적만으로 아이들을 평가하는 분위기를 바꾸어 나가면 된다. |
| | 3. 정직과 자율이 몸에 밴 사람은 어딜 가더라도 인정받는다. |
| 최종 결론<br>– 전체 정리와 마무리 | 무감독 시험을 실시하는 학교가 점점 늘어나서 아이들이 학교에서 공부뿐만이 아니라 정직과 자율이라는 덕목을 배울 수 있도록 해야 한다. |

**예시**

주제문: 무감독 시험이 확대되어야 한다.

시험이라고 하면 으레 감독관이 있어서 부정행위를 막는 것을 상식으로 생각하고 있다. 하지만 현실에서 이런 방식에 문제를 제기하며 아이들에게 무감독 시험을 통해 자율과 정직이라는 덕목을 배우게 하는 학교들이 있다. 인천 제물포고는 1956년부터 무감독 시험을 실시했고, 이 전통은 60년이 넘었다고 한다. 그리고 인천산곡남중학교도 20년 이상 무감독 시험을 치르고 있다. 서울 영동일고는 26년 동안 시행해 오던 무감독 시험을 학교 이전과 구성원 변화로 잠시 중단하고 있다. 이밖에 여러 대학에서도 무감독 시험을 채택하고 있다.

이것이 가능한 까닭은 학교가 좋은 성적을 얻기 위해서만 다니는 곳은 아니기 때문이다. 학교는 전인교육을 목적으로 설립된 곳이다. 하지만 대학 진학이라는 현실과 맞물려 성적을 올리는 것에만 집중해서 인성 교육은 뒷전으로 밀린 것이 사실이다. 그래서 당연히 부정행위가 늘어날 것이라 생각하지만 오히려 무감독 시험을 실시하는 학교에서 부정행위가 거의 없으며 좋은 인성교육 장으로 자리매김하고 있다.

다음으로 학교와 선생님들이 학생들을 믿는다는 신뢰를 만들 수 있기 때문이다. 선생님들이 학생을 믿지 못하고 학생들이 선생님들을 믿지 못해 벌어진 사건들을 종종 들을 수 있었다. 이런 상황에서 상

호존중과 신뢰감이 형성되는 분위기를 만드는 것은 더욱 중요한 과제이다. 공부를 잘하고 못하고가 아이들을 평가하는 기준이 되지 않아야 할 것이다.

마지막으로 무감독 시험을 통해 정직과 자율을 배울 수 있기 때문이다. 무감독 시험을 통해 학교가 여러 가지를 배우는 곳이라는 것을 알아 나가야 한다. 좋은 상급학교에 진학하기 위해서는 공부가 우선이고 그렇게 하는 것만이 이 사회에서 인정받는 길이라고 알고 있지만, 정직과 자율이 몸에 밴 사람은 어딜 가더라도 인정받는다.

무감독 시험은 반칙을 통해서라도 결과가 좋으면 다른 부분도 다 좋은 것처럼 받아들여지는 현실에서 결과보다 과정을 중시하는 좋은 교육 방법이라고 생각한다. 학교는 아이들에게 좋은 성적을 얻어 경쟁에서 이기고 성공한 사람이 되는 방법, 경쟁에서 살아남는 법만이 아닌 함께 살아가는 방법도 알려 주어야 할 것이다.

오랜 기간 동안 전통을 지켜 온 학교는 계속 전통을 지켜가고 새로운 학교들도 많이 동참하면 학교 교육이 교육이라는 목적에 근접하지 않을까 한다. 무감독 시험을 실시하는 학교가 점점 늘어나서 아이들이 학교에서 공부뿐만이 아니라 정직과 자율이라는 덕목을 배울 수 있도록 해야 한다.

## 22 국토 개발과 환경 문제

**길잡이** 정부가 내놓는 정책과 그에 반대하는 단체들의 생각을 비교해보고 정부와 환경 단체 가운데 자신이 지지하는 입장을 골라 논술하면 됩니다.

**예시**

| 문제 제기(상황 제시)<br>– 내포(본질)와 외연(현상) | 국가가 나라를 발전시키는 개발을 한다면서 환경을 해치고 있다. |
| --- | --- |
| 원인 분석<br>– 사회(외부)적 원인<br>– 개인(내부)적 원인 | 1. 왜냐하면 사람에게 편리하도록 하면 환경은 상관없다고 생각하기 때문이다. |
| | 2. 왜냐하면 돈을 벌면 환경을 망쳐도 된다고 생각하기 때문이다. |
| | 3. 왜냐하면 환경이 나빠지는 것은 당장 나에게 피해가 없다고 생각하기 때문이다. |

| 대안 제시<br>－사회(외부)적 대안<br>－개인(내부)적 대안 | 1. 편리한 것보다 깨끗한 물과 공기가 더 중요하다는 것을 깨달아야 한다. |
| --- | --- |
| | 2. 당장 돈을 많이 벌어도 환경이 나빠지면 환경을 되살리는데 돈이 더 많이 든다는 것을 알아야 한다. |
| | 3. 당장 피해가 없어도 후손들을 위해서 국토를 파괴하지 말아야 한다. |
| 반대<br>－대안에 대한 반발과<br>부작용 | 1. 그렇지만 산을 빙 돌아서 길을 내면 시간이 많이 걸리고, 아파트를 지으려면 땅이 필요한데, 산이나 숲을 없애지 않으면 만들 수가 없다. |
| | 2. 그렇지만 돈을 벌지 않으면 먹고 살 수가 없다. |
| | 3. 그렇지만 환경을 지킨다고 모두 산속으로 들어가서 석기 시대처럼 살 수는 없다. |
| 극복<br>－그 반발도 극복하면서<br>문제를 해소할 방법 | 1. 지하터널이나 고가도로로 길을 내거나 숲을 완전히 없애지 않고 숲 중간 중간에 집을 짓는 방법같이 환경을 해치지 않는 방법을 생각해 보면 된다. |
| | 2. 환경을 되살리는 데 들어갈 돈까지 미리 생각해서 환경 파괴가 안 되는 다른 일을 찾아보면 된다. |
| | 3. 자동차를 적게 타거나 오염 물질을 만들지 않거나 하는 등 사람들 모두가 환경을 해치지 않는 생활을 하면 환경이 조금은 더 잘 지켜질 것이다. |
| 최종 결론<br>－전체 정리와 마무리 | 국토를 균형적으로 발전시키고, 잘 사는 나라를 만들기 위해서는 국토 개발을 하는 것도 좋은 생각이다. 그러나 미래를 내다보지 않고 무작정 추진하다 보면 환경을 파괴하게 되고, 이를 다시 복원하려면 더 많은 비용이 들게 된다. 그러므로 개발을 앞세워 일을 서두르기 보다는 전문가들의 의견을 들어서 친환경적인 개발을 해야 할 것이다. |

**예시**

주제문: 국토 개발 정책보다는 환경 문제가 우선되어야 한다.

국가는 경제를 살리기 위해서 또는 나라를 발전시키기 위한 것이라며 국토를 개발한다. 그러나 개발을 한다면서 환경을 해치고 있다. 예를 들어 길을 만든다면서 산을 깎아 버리고, 아파트를 짓는다면서 숲을 밀어버리고, 댐을 만든다면서 흐르는 강물을 막아서 흐르지 못하게 한다. 이렇게 마구잡이로 개발하는 것에 대해서 반대한다.

국토를 마구잡이로 개발하는 것은 사람에게 편하면 환경은 상관없다고 생각하기 때문이다. 그리고 돈만 벌면 환경을 망쳐도 된다고 생각하고, 환경이 나빠져도 나에게 피해가 없다고 생각하기 때문이다. 그러나 우리는 편리한 것보다 깨끗한 물과 공기가 더 중요하다는 것을 깨달아야 한다. 당장 돈을 많이 벌어도 환경이 나빠지면 나빠진 환경을 되돌리느라 돈이 더 많이 든다는 것을 알아야 한다. 지금 당장 피해가 없어도 후손들을 위해서 국토를 파괴하지 말아야 한다.

그렇지만 산을 빙 돌아서 길을 내면 시간이 많이 걸리게 되고, 아파트를 지으려면 땅이 필요한데 산이나 숲을 없애지 않으면 만들 수가 없다. 또 개발을 하게 되면 건설 경기가 살아나게 되고 그 일에 종사하는 많은 사람이 돈을 벌 수 있다. 환경을 지킨다고 가만히 있으면 먹고 살 수가 없게 되고, 환경을 지킨다고 모두 산속으로 들어가 석기 시대처럼 살 수는 없는 것이다.

개발도 하고 환경을 지키려면 숲을 완전히 없애기보다는 지하터널이나 고가도로로 길을 만들고, 숲 중간 중간에 집을 짓는 등 환경을 해치지 않는 방법을 찾아보면 우리가 환경을 파괴해서 얻을 수 있는 피해를 최대한 줄일 수 있을 것이다. 이렇게 멀리까지

내다본다면 환경을 되살리는 데 들어갈 돈까지 미리 생각해서 환경 파괴가 안 되는 다른 일을 찾아보는 것도 좋은 방법일 것이다. 또 우리 모두가 자동차를 적게 타거나 오염 물질을 만들지 않는 등 환경을 해치지 않는 생활을 하면 환경이 조금은 더 잘 지켜질 것이다.

국토를 균형 발전시키고, 잘 사는 나라를 만들기 위해서는 건설 경기를 활성화해서 국토 개발을 하는 것도 좋은 생각이다. 그러나 미래를 내다보지 않고 무작정 추진하다 보면 환경을 파괴하게 되고, 이를 다시 복원하려면 더 많은 비용이 들게 된다. 그러므로 개발을 앞세워 일을 서두르기보다는 전문가들의 의견을 들어서 친환경적인 개발을 해야 할 것이다.

## 23 올바른 역사관

예시

| 문제 제기(상황 제시)<br>– 내포(본질)와 외연(현상) | 역사 드라마와 역사 소설은 재미있기는 하지만 흥미를 끌기 위해서 사실 왜곡을 하는 경우도 있다. |
|---|---|
| 원인 분석<br>– 사회(외부)적 원인<br>– 개인(내부)적 원인 | 1. 왜냐하면 역사 드라마나 역사 소설은 객관적이기보다는 그것을 쓰는 사람 생각이 강하게 들어가기 때문이다. |
| | 2. 왜냐하면 인기를 끌기 위해서 없는 내용을 지어낼 수 있는데 역사에 대한 관심이나 고민이 없다면 그대로 믿을 수도 있기 때문이다. |
| | 3. 왜냐하면 드라마를 보거나 소설을 읽으면서 역사 내용에 중심을 두기보다는 주인공을 크게 영웅화한다거나 역사적으로 검증되지 않은 사건들에 더 치중할 수 있어서 '역사'는 빠지고 드라마만 남게 될 수도 있기 때문이다. |
| 대안 제시<br>– 사회(외부)적 대안<br>– 개인(내부)적 대안 | 1. 그러므로 역사 드라마를 보거나 역사 소설을 읽을 때는 나오는 인물이나 사건에 대해 여러 각도로 생각해보는 탐구 정신을 가져야 한다. |
| | 2. 역사 드라마와 역사 소설은 결국 시청자나 독자가 원하는 대로 끌려가기 마련이다. 비판적인 시각을 가지고 시청자들이나 독자들이 역사 왜곡에 대한 수정을 요청한다면 역사 드라마나 역사 소설도 사람들이 원하는 방향으로 달라질 수 있을 것이다. |
| | 3. 그러므로 역사 드라마를 볼 때는 그것에 관련된 구체적인 역사 사실과 배경 지식을 찾아보고 연구하는 자세가 필요하다. |
| 반대<br>– 대안에 대한 반발과<br>  부작용 | 1. 그렇지만 자기 스스로 판단하기 어려운 역사 사실도 많을 수 있고 역사 드라마에서 보여 주는 것을 그냥 휩쓸려 믿게 되는 경우도 있다. |
| | 2. 그렇지만 역사 드라마와 역사 소설은 그냥 편하게 보자고 생각하는 사람들이 많다. |
| | 3. 그렇지만 역사 드라마와 역사 소설은 역사에서 소재만 따온 것일 뿐인데 모든 것이 역사적 사실과 꼭 맞아야 하는 것은 아니다. |
| 극복 | 1. 그렇다면 스스로 판단하기 어려운 역사 사건이더라도 받아들일 것은 받아들이고 허구적인 것은 잘 걸러낼 수 있게 역사를 보는 눈을 키워야 한다. |

| - 그 반발도 극복하면서 문제를 해소할 방법 | 2. 그렇다면 그 인물이나 그 사건이 역사에 끼친 영향이나 역사관을 흔들 수 있는 객관적인 사실에 대해서는 절대로 타협해서는 안 된다. |
| | 3. 역사 드라마나 역사 소설은 사람들 생각에 많은 영향을 끼칠 수 있기 때문에 역사관을 바꿀 수 있는 부분은 철저한 자료를 사용해 왜곡하지 않도록 해야 한다. |
| 최종 결론 - 전체 정리와 마무리 | 역사 드라마와 역사 소설은 역사에 쉽게 접근하게 해주는 것이지만 역사 사실을 보는 데 있어 정확한 내용이 어떤 것인지 잘 가려내어 역사를 받아들일 수 있는 시각을 키워야 한다. |

**예시**

주제문: 정확한 사실을 중심으로 역사를 배워야 한다.

역사 드라마와 역사 소설은 역사를 알게 하는 데 큰 흥미를 준다. 그냥 역사책으로 공부하는 것은 어려울 수 있지만 드라마나 소설을 통해서 보면 재미있기도 하고 머릿속에 강하게 남기도 하기 때문이다. 요즘에는 드라마나 소설에서 역사를 소재로 하는 경우가 상당히 많고 사람들도 그런 것들을 보고 역사에 많은 관심을 가지게 되기도 한다. 하지만 그 내용을 그대로 받아들이기에는 문제가 있다.

드라마나 소설이 흥미를 끌기 위해서 역사 사실에 대한 잘못된 사실을 알려주는 경우도 있다. 왜냐하면 드라마나 소설에는 그것을 지어내는 사람이 생각하는 역사관이 강하게 들어갈 수 있기 때문이다. 또 인기를 끌기 위해서 없는 내용을 지어내는 경우도 많은데 역사 사실을 잘 모르는 아이들이나 어른들은 그것을 그대로 믿는 경우도 상당히 많다. 등장인물이 하는 대사나 행동에 대해서 실제로 그러했을 것이라고 생각하는 경우가 많다. 또 드라마나 소설을 보면서 중요한 역사 사실에 관심을 두기보다는 인물을 크게 영웅화한다거나 역사적으로 검증되지 않은 사건들에 더 치중을 하는 경우도 많다. 그래서 '역사'는 빠지고 드라마만 남게 될 수도 있다. 예를 들어 한 프로그램으로 방영된 광개토 대왕과 관련된 드라마를 보고 사람들은 광개토 대왕이 이루었던 업적보다도 하늘을 나르며 칼싸움을 하던 모습이나 격구를 하던 강한 장면만 기억할 수도 있다. 광개토 대왕을 위대한 영토를 넓힌 왕으로 기억하기보다 단지 칼을 번쩍 휘두르며 싸움 잘하던 모습으로만 기억하게 되는 것이다. 이것은 작가가 광개토 대왕에 대해 얘기하려던 모습에서도 크게 벗어날 수 있는 것이다.

드라마나 소설에 나오는 역사 사건과 인물에 대해 여러 각도로 생각해보는 탐구 정신을 가져야 한다. 인물이 하는 행동에 대해서 왜 그랬을까, 어떤 역사 사실과 관련이 되어 있을까 고민해 보아야 한다. 물론 자기 스스로 판단하기 어려운 역사 사실도 많을 수 있다. 또 그런 경우에는 드라마에서 보여 주는 것에 그냥 휩쓸려 믿게 되는 경우도 있다. 판단하기 어려운 역사 사건이더라도 받아들일 건 받아들이고 허구적인 것은 잘 걸러낼 수 있게 역사를 보는 눈을 키워야 한다.

드라마와 소설은 결국 시청자나 독자가 원하는 대로 끌려가기 마련이다. 시청자나 독자가 강하고 화려한 볼거리만을 원한다면 그렇게 갈 것이다. 그러므로 비판적인 시각을 가지고 시청자들이나 독자들이 왜곡에 대한 수정을 요청한다면 드라마나 소설도 사람들이 원하는 방향으로 달라질 수 있을 것이다. 역사 사실에 대한 올바른 판단을 할 수 있는 드라마나 소설을 요청한다면 사실을 올바르게 반영한 글들이 많이 나올 수 있을 것이다. 물론 드라마와 소설은 지어낸 것이니까 드라마로 소설로 편하게 보자고 생각하는 사람이 많다. 그러나 다른 것은 몰라도 그 인물이나 그 사건이 역사에 끼친 영향이나 역사관을 흔들 수 있는 객관적인 사실에 대해서는 절대로 타협해서는 안 된다.

또 역사 드라마를 볼 때는 그것에 관련된 구체적인 역사 사실과 배경 지식을 찾아보고 연구해보는 자세가 필요하다. 물론 역사 드라마와 역사 소설은 역사에서 소재만 따온 것일 뿐인데 모든 게 역사 사실과 꼭 맞을 수만은 없다. 허위로 만들어낸 인물도 있고 상상으로 지어낸 사건도 있을 수 있는 것이다. 그러

나 자료로 남아 있는 사실만은 관심을 가지고 알아봐야 한다. 평소에도 역사 사실에 관심을 쏟고 탐구해 보는 것도 좋다. 역사 드라마나 역사 소설은 사람들 생각에 많은 영향을 끼칠 수 있기 때문에 역사관이 잘못 왜곡되어 나타날 수 있는 부분은 철저한 자료를 사용해 왜곡하지 않도록 해야 한다.

역사 드라마와 역사 소설은 역사를 아는데 쉽고 재미있게 다가갈 수 있는 길이기는 하다. 이것을 통해 역사 사실을 알게 되는데 있어 바르게 판단할 수 있는 역사관을 세울 수 있도록 해야 한다.

## 24 한반도 평화 협력 및 남북 관계 개선

**예시**

| 문제 제기(상황 제시)<br>- 내포(본질)와 외연(현상) | 2000년 남북 정상 회담을 시작으로 2020년까지 5차례 정상 회담이 열렸다. |
| --- | --- |
| 원인 분석<br>- 사회(외부)적 원인<br>- 개인(내부)적 원인 | 1. 서로 적으로 대하면 민족 발전에 도움이 되지 않기 때문이다. |
| | 2. 서로 협력하면 남북이 더 발전할 수 있다는 것을 알았기 때문이다. |
| | 3. 서로 대화하고 교류하면 서로 이익이 된다는 것을 알았기 때문이다. |
| 대안 제시<br>- 사회(외부)적 대안<br>- 개인(내부)적 대안 | 1. 휴전선이나 바다에서 서로를 향해 총부리를 겨눈 군대를 줄인다. |
| | 2. 올림픽 선수 단일팀이나 단일 응원팀을 만들어서 힘을 합친다. |
| | 3. 경제 협력을 더욱 늘린다. |
| 반대<br>- 대안에 대한 반발과<br>  부작용 | 1. 어느 한쪽이 군대를 없앴다가 한쪽에서 공격하면 지고 만다. |
| | 2. 무조건 합치면 서로 손발이 맞지 않는 경우가 있다. |
| | 3. 지금은 남한에서 북한을 일방적으로 지원해야 한다. |
| 극복<br>- 그 반발도 극복하면서<br>  문제를 해소할 방법 | 1. 장성급 회담이나 군사 회담을 꾸준히 해서 균형 있게 군대를 줄이고 그 돈으로 경제를 살린다. |
| | 2. 경기를 자주 해서 서로에 대해서 잘 알게 한다. |
| | 3. 경제에 투자하는 것이니까 꼭 필요한 곳에는 지원해야 한다. |
| 최종 결론<br>- 전체 정리와 마무리 | 남한과 북한이 협력하려면 우선 서로를 믿어야 한다. 믿음이 자리 잡으면 서로 공격하지 않을 테니 전쟁도 없을 것이고 군대도 필요 없게 될 것이다. 그러면 그 돈을 아껴서 경제에 투자하고 우리 민족은 하나라는 생각으로 조금씩 양보하고 협력해 서로 도우면 머잖아 남한과 북한 모두 잘사는 나라가 될 것이다. |

주제문: 남북이 서로 믿고 대화와 협력을 지속해야 한다.

1945년 일본으로부터 한반도를 해방시킨 미국과 소련은 우리나라를 반으로 나눠서 북쪽은 소련이, 남쪽은 미국이 차지했다. 북쪽에는 소련 편을 드는 나라가, 남쪽에서는 미국 편을 드는 나라가 세워졌다. 두 나라는 각각 소련 편과 미국 편으로 나뉘어져 서로 으르렁거리다가 전쟁까지 일으켰다. 한 민족이면서도 서로 힘을 합치기는커녕 싸움을 벌였고 나라는 두 동강으로 영원히 갈라서고 말았다. 두 조각으로 나누어진 것도 모자라 서로 전쟁을 일으킨 책임이 있다면서 55년 동안이나 미워하고 등을 돌렸다.

드디어 2000년 6월 남한 김대중 대통령과 북한 김정일 국방위원장이 평양에서 만나 정상 회담을 열었다. 그리고 다섯 개 조항으로 된 남북 공동 선언을 발표했다. 그동안 서로 싸우기만 했던 것을 그만두고 남과 북이 서로 힘을 합쳐서 평화롭고 발전하는 나라를 만들자고 약속했다. 그 약속을 실천하는 과정으로 이산가족이 만나고, 끊어진 도로와 철도가 연결되었으며, 군사·경제·문화 교류가 활발해졌다. 서해에서 남북 해군이 서로 충돌했지만 문제를 더 크게 만들지 않고 잘 마무리되기도 했다. 다음 대통령들도 남북 정상 회담을 이어갔다.

남과 북이 이렇게 서로 평화롭게 협력하는 사이가 되기로 한 것은 서로 적으로 대하면 민족 발전에 도움이 되지 않는 것을 깨달았기 때문이다. 남한은 북한에 막혀서 대륙으로 가는 길이 막혔고, 북한은 경제가 발전되지 못해 어려움을 겪고 있다. 또 서로 협력하면 남북이 더 발전할 수 있다는 것을 알았기 때문이다. 북한에는 지하자원과 값싸고 우수한 노동력이 많고 남한은 돈과 기술이 있다. 그 둘을 합치면 두 나라가 모두 발전할 수 있게 되고 서로에게 큰 이익이 된다는 것을 알았기 때문이다. 남한과 북한이 서로 총부리를 겨누고 있으려면 군대가 많이 필요하지만 평화가 이어지면 군대를 없애도 되니까 결국 그것만으로도 이익이 된다.

앞으로 남과 북이 서로 평화를 지키고 더 발전하기 위해서는 무엇보다 휴전선이나 바다에 있는 군대를 줄여나가야 한다. 군대는 돈을 들이기만 하고

이익은 하나도 나지 않는 것이므로 군대를 줄이면 일단 돈이 적게 들 뿐만 아니라 서로 공격하지 않는다는 약속을 하는 것이니 남북이 서로를 믿게 되는 좋은 방법이다. 물론 한 쪽에서는 군대를 없앴는데 다른 한 쪽에서는 그대로 가지고 있다가 공격해 오면 어쩌나 하고 불안할 수도 있다. 그렇지만 남과 북이 서로 회담을 자주 하면서 같이 줄여나가면 서로 균형 있게 군대를 줄일 수 있을 것이다.

그리고 올림픽이나 월드컵 같은 세계 스포츠 행사에 남북 단일팀이나 단일 응원팀을 만들어서 힘을 합친다. 당장 경제적으로 이익이 되는 것은 아니지만 세계 사람들이 우리 민족이 평화롭게 지내게 된 것을 알게 되면 우리나라에 공장도 짓고 투자도 많이 하게 될 것이므로 결국 이익이 될 것이다. 분단된 채로 산지가 오래 되었기 때문에 단일팀을 만들면 서로 손발이 안 맞아서 힘들 수도 있고 실력이 누가 더 좋은지 몰라서 뽑기 어려울 수도 있다. 하지만 서로 자주 왔다 갔다 하면서 경기를 하다 보면 누가 잘하고 누가 못하는지 알 수도 있고, 손발도 맞추기 쉬울 것이다. 단일팀을 만든 다음 국가대표로 합숙 훈련도 많이 해서 서로를 잘 알게 되면 별 문제가 없을 것이다.

또 남과 북이 경제 협력을 더 늘려 나가야 한다. 북한은 경제가 어렵고 남한은 자본과 기술이 있으니까 북한에 공장도 짓고 도로도 만들고 철도도 고치면 북한 경제가 살아나게 되고, 그러면 우리나라가 경제 대국이 될 것이다. 당장은 북한에 돈이 없으니 남한에서 일방적으로 투자해야 되지만 북한에 있는 지하자원을 캐거나 해서 돈을 충당하면 되고, 경제는 투자를 해야 돈을 버는 것이니까 아깝다고 생각하지 말고 적극적으로 경제 협력을 해야 한다.

남한과 북한이 협력하려면 우선 서로를 믿어야 한다. 믿음이 자리 잡으면 서로 공격하지 않을 테니 전쟁도 없을 것이고 군대도 필요 없게 될 것이다. 그러면 그 돈을 아껴서 경제에 투자하고 우리 민족은 하나라는 생각으로 조금씩 양보하고 협력해 서로 도우면 머잖아 남한과 북한 모두 잘사는 나라가 될 것이다.

# 토론 잘하는 방법

　　토론은 두 사람 이상이 상대방을 설득하기 위하여 서로 자기 의견을 내세우는 것입니다.

　　토론을 잘하려면 어떻게 해야 할까요?

　　상대방을 존중합니다. 올바른 토론은 상대방 의견은 틀렸으니 무시하면서 내 생각만 고집하는 것이 아니라 상대방의 의견을 존중하면서 내 의견도 내세우는 것입니다. 그래야 상대방도 자기 생각만 고집하지 않고 내 생각을 존중해 줄 것입니다.

　　'나라면 어떻게 할까'라고 생각합니다. 토론하는 문제에 대하여 나라면 어떻게 할까라고 생각하면 해결책도 쉽게 찾을 수 있을 것입니다. 내가 생각해서 좋을 것 같다는 생각이어야 다른 사람도 설득할 수 있습니다.

　　상대방의 말을 잘 듣고 어떤 주장을 하는지 파악합니다. 토론은 말하기 보다 듣기라고 할 수 있습니다. 상대방 말을 잘 듣고 어떤 주장을 펼치는지 잘 이해하면 그 주장을 반박하고 더 좋은 자기주장을 내세우는 것도 쉬울 것입니다.

　　또박또박 자기 주장을 말합니다. 말이 너무 빠르면 상대방이 알아듣기 어렵고, 내 주장을 상대방이 편안하게 받아들이기 어렵습니다. 하지만 또박또박 자기 주장을 펼치면 상대방도 내 말을 잘 이해할 수 있습니다.

　　결론부터 먼저 말하면 눈길을 끌 수 있습니다. 결론부터 먼저 말하고 그 까닭을 이어서 말하면 듣는 사람이 관심을 집중시키게 되고 내 말을 잘 이해할 수 있게 됩니다.

　　책을 많이 읽습니다. 토론할 주제에 대해 잘 알아야만 상대방을 쉽게 설득할 수 있습니다. 토론 주제에 대한 지식을 넓히는 방법은 풍부한 독서입니다.

## ✓ 교정 부호

| 교정 부호 | 기능 | 교정 전 | 교정 후 |
|---|---|---|---|
| ∨ | 사이 띄우기 | 우리는집으로 갔다. | 우리는 집으로 갔다. |
| ⌢ | 붙이기 | 우리는 집 으로 갔다. | 우리는 집으로 갔다. |
| ⸎ | 삭제하기 | 우리는 이 땅과 바다를 | 우리는 바다를 |
| ⌐| | 줄 바꾸기 | 태어났다. 철수가 | 태어났다.<br>　철수가 |
| ⸾ | 줄 잇기 | 태어났다.<br>그래도 아직 | 태어났다. 그래도 아직 |
| ⌣ | 삽입 | 역사를 ∨빛낼∨ 인물 | 역사를 빛낼 인물 |
| ⟋○ | 수정 | 역사를 빛날 인물 (낼) | 역사를 빛낼 인물 |
| ⌇ | 자리 바꾸기 | 날개 독수리 | 독수리 날개 |
| ⌐ | 들여쓰기 | 우리는 아무도<br>마음껏 뛰고 놀아도 | 　우리는 아무도<br>마음껏 뛰고 놀아도 |
| ⌐ | 내어쓰기 | 　아무도 말을 못하고<br>조금만 뒤로 물러서면 | 아무도 말을 못하고<br>조금만 뒤로 물러서면 |
| ⊓ | 끌어 내리기 | 우리 민족 큰 명절 | 우리 민족 큰 명절 |
| ⊔ | 끌어 올리기 | 우리 민족 큰 명절 | 우리 민족 큰 명절 |
| > | 줄 삽입 | 우리 민족 큰 명절인<br>윷놀이를 하려고 | 우리 민족 큰 명절인<br><br>윷놀이를 하려고 |
| 生 ⬭ | 원래대로 두기 | 우리 민족 큰 명절 | 우리 민족 큰 명절 |
| ⸗ | 글자 바로하기 | ∀BCDEF | ABCDEF |

## ✅ 문장 부호

| 문장 부호 | 이름 | 교정 후 |
|---|---|---|
| .  ° | 마침표<br>(온점, 고리점) | • 마침, 준말, 아라비아 숫자로 연월일을 표시할 때<br>• 가로쓰기에는 온점, 세로쓰기에는 고리점을 쓴다. |
| ? | 물음표 | 의심이나 물음을 나타낼 때 |
| ! | 느낌표 | 감탄, 놀람, 명령 등의 강한 느낌을 나타낼 때 |
| ,  ` | 쉼표<br>(반점, 모점) | • 문장의 짧은 휴지(休止)를 나타낼 때<br>• 가로쓰기에는 반점, 세로쓰기에는 모점을 쓴다. |
| · | 가운뎃점(중점) | 대등하거나 밀접한 관계의 단위를 열거할 때 |
| : | 쌍점(콜론) | • 포함된 종류를 나열할 때<br>• 소표제 뒤에 간단한 설명이 붙을 때 |
| ; | 쌍반점<br>(세미콜론) | • 앞말에 대해 부연 설명할 때(영어식)<br>• 영어 줄임말의 원래 단어를 표시할 때 |
| ″ | 줄임표 | 단어의 일부분을 생략할 때(영어식) |
| / | 빗금 | 대응, 대립, 대등한 단어와 구절을 표시할 때 |
| "  "  『  』 | 큰 따옴표<br>겹낫표 | • 대화, 인용, 특별 어구를 나타낼 때<br>• 가로쓰기에는 큰 따옴표, 세로쓰기에는 겹낫표를 쓴다. |
| '  '  「  」 | 작은 따옴표<br>낫표 | • 따온말 가운데 다시 따온말이 들어 있을 때<br>• 마음 속의 말, 강조 구문을 표시할 때 |
| (  ) | 소괄호 | 원어, 연대, 주석, 설명을 나타낼 때 |
| {  } | 중괄호 | 여러 단위를 대등하게 묶을 때 |
| [  ] | 대괄호 | • 묶음표 안의 음이 다를 때<br>• 묶음표 안에 또 묶음표가 있을 때 |
| – | 붙임표 | • 부연 설명할 때<br>• 합성어, 접사나 어미임을 나타낼 때 |
| ~ | 물결표 | 숫자의 경우 기간의 뜻을 나타낼 때 |
| ×  ○ | 숨김표 | 말을 드러내지 않을 때 |
| …… | 말줄임표 | 할 말을 줄이거나 할 말이 없을 때 |

# 살아있는 역사
## 재미있는 논술 -워크북

2020. 11. 23. 1판 1쇄 인쇄
**2020. 11. 30. 1판 1쇄 발행**

지은이 | 모난돌역사논술모임
펴낸이 | 이종춘
펴낸곳 | [BM] ㈜도서출판 **성안당**
주소 | 04032 서울시 마포구 양화로 127 첨단빌딩 3층(출판기획 R&D 센터)
　　　 | 10881 경기도 파주시 문발로 112 파주 출판 문화도시(제작 및 물류)
전화 | 02) 3142-0036
　　　 | 031) 950-6300
팩스 | 031) 955-0510
등록 | 1973. 2. 1. 제406-2005-000046호
출판사 홈페이지 | www.cyber.co.kr
ISBN | 978-89-315-8943-6 (64900)
**정가 | 15,000원**

**이 책을 만든 사람들**
기획 | 최옥현
진행 | 오영미
교정·교열 | 오영미
일러스트 | 민재희
본문 디자인 | 이은희
표지 디자인 | 김은영
홍보 | 김계항, 유미나
국제부 | 이선민, 조혜란, 김혜숙
마케팅 | 구본철, 차정욱, 나진호, 이동후, 강호묵
마케팅 지원 | 장상범, 조광환
제작 | 김유석

■ **도서 A/S 안내**

성안당에서 발행하는 모든 도서는 저자와 출판사, 그리고 독자가 함께 만들어 나갑니다.
좋은 책을 펴내기 위해 많은 노력을 기울이고 있습니다. 혹시라도 내용상의 오류나 오탈자 등이 발견되면 **"좋은 책은 나라의 보배"**로서 우리 모두가 함께 만들어 간다는 마음으로 연락주시기 바랍니다. 수정 보완하여 더 나은 책이 되도록 최선을 다하겠습니다.
성안당은 늘 독자 여러분들의 소중한 의견을 기다리고 있습니다. 좋은 의견을 보내주시는 분께는 성안당 쇼핑몰의 포인트(3,000포인트)를 적립해 드립니다.
잘못 만들어진 책이나 부록 등이 파손된 경우에는 교환해 드립니다.